新时代航天特色质量文化研究

董学军　王小虎　主编

中国宇航出版社
·北京·

图书在版编目（CIP）数据

新时代航天特色质量文化研究 / 董学军，王小虎主编. -- 北京 ：中国宇航出版社，2024.5

ISBN 978-7-5159-1959-1

Ⅰ. ①新… Ⅱ. ①董… ②王… Ⅲ. ①航天工业－质量管理－文化研究－中国 Ⅳ. ①F426.5

中国国家版本馆 CIP 数据核字(2024)第 092408 号

责任编辑　李鸿彬　　装帧设计　王晓武

出版发行　中国宇航出版社
社　址　北京市阜成路 8 号　邮　编　100830
(010)68768548
网　址　www.caphbook.com
经　销　新华书店
发行部　(010)68767386　(010)68371900
(010)68767382　(010)88100613（传真）
零售店　读者服务部
(010)68371105
承　印　北京中科印刷有限公司

版　次　2024 年 5 月第 1 版
2024 年 5 月第 1 次印刷
规　格　710×1000
开　本　1/16
印　张　17.75
字　数　215 千字
书　号　ISBN 978-7-5159-1959-1
定　价　128.00 元

《新时代航天特色质量文化研究》编写人员

主　编　董学军　王小虎

编　委　董学军　王小虎　王国华　郭　涛

李立洁　樊剑博　邓海琴　彭辉琼

主编简介

董学军，中国酒泉卫星发射中心正高级工程师，国防科技大学管理科学与工程博士，长期从事航天质量保证研究和实践工作。著有《航天发射质量工程》《民商航天发射探索与实践》《航天发射一体化管理理论与实践》《航天装备质量工程技术》《航天运输工程—策划·设计·实施》等。

王小虎，中国酒泉卫星发射中心高级工程师，长期从事航天测控总体和规划论证工作。

前言

文化是一个民族最宝贵的精神财富和最具特征的民族符号，文化的兴盛与否则是拥有这一文化形态的民族兴盛与否的直接体现。

中国航天人历经数十载艰苦卓绝的努力，磨杵成针，铸就了中国航天的丰功伟业。在这一奋进的历程中，他们始终饱含深厚的爱国情怀，把成功放在首位，秉承“质量就是政治，质量就是生命，质量就是价值”的理念，不断创新与完善，建立了适应航天工程需求的理论方法和制度规范，在取得“两弹一星”、载人航天、北斗导航、嫦娥探月和祝融探火等一系列辉煌成就的同时，创建了富有中国特色的新时代航天质量文化。强调文化的新时代特征，是要说明航天质量文化具有与时俱进的鲜明特性，其从未停止过创新与自我革命的脚步，始终反映着时代对中国航天的鲜活号召与要求。可以预见的是，新时代航天特色质量文化将助力中国航天开创更加灿烂和辉煌的明天。

中国航天与新时代航天特色质量文化共生共荣、相得益彰。中国航天为特色质量文化的诞生、发展和壮大提供了广阔平台和不竭动力，特色质量文化塑造了中国航天高可靠的质量形象与持久的创新品格，铸造了中国航天人对高可靠产品和高质量服务永不停息的追求。

中国航天是一幅拼搏不止、自强不息、创新不辍的历史画卷，上演了一幕幕可歌可泣、值得我们永远怀念和深刻铭记的动人场景。对于中国航天成就的回顾已耳熟能详，但鲜见对中国特色质量文化的系统研究和深入思考。中国已经跨入了一个新的时代，在这个历史时代的开篇之际，作为数十年奋战在航天发射中心一线、亲身经历过诸多历史时刻的科研人员，有责任、有义务从自己的视角就工作实践中形成的对航天精神、质量文化的体会以及感悟进行思考，并且积极主动饱含热情地宣贯之。

本书共 7 章，分别从不同的侧面就新时代航天特色质量文化的内涵、实质、精神与要义进行系统研究和总结。

第 1 章航天质量文化概论。回顾了中国航天质量文化的诞生、成长和壮大的简要历程；讨论了其内涵、结构和特征，以及其传承、化人和塑形的巨大作用；最后，对新时代航天特色质量文化面临的挑战与机遇进行了简要论述。

第 2 章航天质量精神文化。讨论了航天精神的实质、继承和发展，探讨了航天质量价值和道德“二观”的基本内容，讨论了航天质量方针理念，论述了航天人的“集体人格”。最后，阐述了在全面建设航天强国新征程中航天质量文化发展的宗旨、愿景和目标。

第 3 章航天质量制度文化。介绍了航天特色质量文化的法律法规体系和典型的质量规章制度，讨论了新时代质量制度文化面临的问题和建设方向。

第 4 章航天质量行为文化。重点讨论了航天质量行为文化的核心特点和外在表现，研究了中国航天人的集体行为与其集体人格的内在统一性，以及质量行为塑造对质量管控的助力作用。

第 5 章航天质量物质文化。探讨了文化与物质的依存关系，品牌特征，作为物质文化创造者的航天人、主要构成要素的航天设施与产品所蕴含的文化内涵，以及对航天精神与理念的催生作用。最后，探讨了物质文化载体在文化建设中发挥的独特作用。

第 6 章航天质量文化生态。从文化的视角，研究了质量文化与其生态环境的相互关系和内在机理，探讨了构建有助于质量文化发展壮大的生态环境的基本方法和途径。

第 7 章航天质量文化建设。为塑造有世界影响力的中国航天质量品牌提供强大助力，从政府引导、企业主建和社会尊重等方面，深入论述了航天质量文化建设的相关问题，并从践行者的视角提出了强化质量文化建设的方法和途径。

董学军主持新时代航天特色质量文化研究项目，负责全书策划设计与统稿，撰写第 1、2、3、7 章。王小虎参与项目研究和全书统稿，负责撰写第 4、5、6 章。王国华参与全书统稿。郭涛、李立洁、樊剑博、邓海琴和彭辉琼参与项目研究和部分章节的撰写。

本书以中国航天为背景，从文化的视角对新时代航天特色质量文化的历史、现状和未来进行深入研究、思考和探索。中国航天事业的快速发展对航天质量文化建设提出了很高的要求，对于这一重大领域，本书的研究还有不尽完善的地方，难免有不当和疏漏之处，敬请读者批评指正。同时，新时代航天特色质量文化研究是一个开放和持续发展的课题，我们的研究成果还需要根据新的发展要求和中国航天文化实践活动的深入不断丰富。这里，我们恳请读者多提批评及改进意见，共同为新时代航天特色质量文化建设做出贡献。

作　者

2024 年 3 月

目　录

第1章　航天质量文化概论

第2章 航天质量精神文化

第3章 航天质量制度文化

第4章 航天质量行为文化

第5章 航天质量物质文化

第6章　航天质量文化生态

第7章 航天质量文化建设

第1章 航天质量文化概论

中国航天质量文化伴随着航天事业的诞生而诞生、发展而发展，是航天质量建设在文化领域的反映，体现了中国航天质量思想、理念、方法和实践的独特魅力，是中国先进文化的重要组成部分。本章回顾了中国航天质量文化的诞生、成长和壮大的简要历程；讨论了其内涵、结构和特征，以及其传承、化人和塑形的巨大作用；最后，对新时代航天特色质量文化面临的挑战及机遇进行了简要论述。

1.1 历程

中国航天事业的发展，是一个在“一穷二白”的基础上，历经艰难困苦并不断铸就辉煌的过程。一代代航天人始终秉持“质量是政治、质量是生命、质量是价值”的理念，在航天质量理论、方法和实践上与时俱进、持续创新，逐步建立起富有航天特色的质量保证体系，催生了具有航天特色的质量文化。

1.1.1 诞生

星空，写满人类璀璨的想象。苍穹，承载中华民族永无止境的向往。

2300 年前，屈原心游万仞，发出“九天之际，安放安属”的旷世“天问”。

1900 年前，张衡极目广宇，浑天仪感天测地，触摸星宿万象的奥秘。

600 年前，万户舍命飞天，挣脱大地束缚，彰显飞天的渴望与胆魄。

115 年前，冯如驾机升空，以自己的生命践行了“倘得千只飞机分守中国港口，内地可保无虞”的梦想。

中华人民共和国成立前仅仅留下了 70 余个军工企业，只能生产一些轻型装备，做些简单的军械修理。世界一些发达国家已经进入“原子时代”“喷气时代”，而我们国家经济十分落后，工业基础和科技力量极其薄弱。毛泽东曾感慨地说：“现在我们能造什么？能造桌子椅子，能造茶碗茶壶，能种各种粮食，还能磨成面粉，还能造纸，但是，一辆汽车、一架飞机、一辆坦克、一辆拖拉机都不能造。”改变“一穷二白”的面貌，建立健全国防和工业体系，实现国民经济持续快速发展，迫切需要重大工程来牵引和带动。那时候，以美国为首的西方集团还妄图将新中国“扼杀在摇篮里”，封堵阻隔无所不用其极。1950年，美国联合15国成立“联合国军”，悍然发动侵略朝鲜的战争，并将战火烧到中国边境。“打得一拳开，免得百拳来”，为给国内建设创造一个稳定的外部环境，中华人民共和国被迫参与并赢得了抗美援朝战争的最终胜利，一举扭转了中国被动挨打、软弱可欺的弱国形象。依据战争的现实状况，毛泽东指出：“无论抗美援朝的结果如何，都要搞国防工业的建设和军工生产”，这对中国国防工业的建设原则和建设途径提出了明确的要求。在1955年3月党的全国代表会议上，毛泽东指出：“我们进入了这样一个时期，就是我们现在所从事的、所思考的、所钻研的，是钻社会主义工业化，钻社会主义改造，钻现代化的国防，并且开始要钻原子能这样的历史的新时期。”为了促进我国科技事业和国防工业的发展，我们党发出了“向科学进军”的号召，制定了发展科学技术的“12年规划”，决定优先发展以导弹、原子弹为代表的尖端技术。

1956年1月，毛泽东在全国政协第二届第二次会议上指出：“我国人民应该有一个远大的规划，要在几十年内，努力改变我国在经济上和科学文化上的落后状况，迅速达到世界先进水平。”3月，国务院成立了科学规划委员会，周恩来总理直接领导，聂荣臻元帅牵头，邀请钱学森、钱三强、竺可桢、李四光、王大珩、任新民等600多名专家参与，经反复讨论研究，制定了《1956—

1967年科学技术发展远景规划纲要》，重点强调要优先发展原子能、火箭和喷气发动机三大尖端技术。后来，周恩来主持中央军委会议，研究并批准了航空工业委员会提出的《建立我国导弹研究工作的初步意见》。6月，国防部五局成立。10月，国防部第五研究院成立。1957年11月，国防部第五研究院成立一分院、二分院，分别承担导弹总体、发动机和控制导引系统的研究任务；此后又成立了三分院、四分院和上海试验基地，确立了中国航天科技工业的最初组织基础。

1958年，中央军委决定在甘肃酒泉设立特种工程指挥部，十万大军开进了广袤无垠的戈壁滩。1960年，苏联专家撤走后，中国航天的先驱们迅速转入自行设计、独立研制的工作状态。1964年6月29日，中国自行研制的第一枚中近程导弹发射成功，同年10月16日，中国第一颗原子弹也成功爆炸；至此，中国航天装备自行设计和配套生产也走完了一个全过程，各项预先研究取得了重大成果，为其后大规模的航天科研生产完成了技术储备。这一时期，“自力更生、艰苦奋斗、大力协同、无私奉献、严谨务实、勇于攀登”的精神，在各项型号研制过程中得到了基本确立，并从物质、技术、人才、精神等多个方面为中国航天特色文化的创建与塑形提供了丰富内容和良好条件。同时，我国航天领域将周恩来总理提出的“十六字”方针——“严肃认真、周到细致、稳妥可靠、万无一失”确立为核心价值观，成为中国航天人坚守至今的指导思想和方法论，这为中国航天特色文化核心内容之一的质量文化的建立奠定了坚实的思想和方法根基。

向戈壁进军

1964年是中国航天科技工业发展过程中具有重大转折意义的一年。经第三届全国人民代表大会通过，第七机械工业部宣告成立，以此为标志，充满中国航天特色的部、院（局、基地）、所（厂）三级管理体制逐步形成，初步形成了较为配套的研究、设计、试制和生产航天工业体系。1966年10月27日，我国用改进的中近程导弹发射核弹头试验成功；12月26日，中国自主设计研制的中程导弹发射成功，圆满完成了第一代型号任务的研制工作。1970年4月24日，成功发射了“东方红一号”人造地球卫星，标志着在导弹武器基础上发展起来的中国航天事业蓬勃崛起。

1980年5月，洲际导弹成功飞向南太平洋；1982年10月，潜艇水下发射固体导弹取得成功；1984年4月，长征三号运载火箭发射试验通信卫星成功，标志着中国航天技术在赶超世界先进水平方面迈出了关键一步，以“两弹一星”精神——“热爱祖国、无私奉献、自力更生、艰苦奋斗、大力协同、勇于登攀”为核心的航天特色文化在原有的基础上进一步走向成熟。

发展“两弹一星”，对我国经济社会发展贡献巨大，它不仅推动了科学技术、工业生产等领域的快速发展，更加速了医疗卫生、资源利用等领域的深刻变革。

1.1.2 成长

“兵民是胜利之本”，是以毛泽东为代表的中国共产党在领导“武装斗争”实践中总结出的一个独创性思想。紧紧依靠广大人民群众，充分组织并调动最广泛人民力量的最直接参与，是党在各个历史时期斗争和建设领域始终坚持的一条基本制度和基本策略。为推进国防和人民军队现代化建设，毛泽东提出了军民兼顾思想，这一思想在新中国成立之后逐步发展成为“平战结合，军民结合，以军为主，寓军于民”的国防工业建设方针。改革开放后，邓小平在继承和发扬毛泽东“军民两用”思想的基础上，提出军民结合思想并形成了“军民结合，平战结合，军品优先，以民养军”的十六字方针，有效纾解了当时国防工业效益不高、过于依赖国家财政的结构性矛盾。自 1979 年贯彻这一方针以来，航天工业逐渐完成了从纯军品的科研生产型到军民结合的科研生产经营型的转变。1985 年统计数据表明，航天民用产品工业总产值已占航天全部工业总产值的 65%。

民品市场的发展为航天特色文化铸造开辟了新的天地，注入了新的动力，将中国航天质量建设的视野逐步推向了社会乃至世界更大的舞台。这一时期的质量文化建设完成了从经验总结向理论引导的转变，逐步确立了以钱学森的系统工程理论为指导思想和实施全面质量管理的原则，航天装备研制实行指挥和技术两条线管理模式，通过培养全体人员高度的政治责任感和“三老四严”（对待革命事业，要当老实人、说老实话、办老实事；对待工作，要有严格的要求、严密的组织、严肃的态度、严明的纪律）的工作作风，落实元器件筛选、整机老炼、系统稳定运行、设计鉴定答辩和产品摸底试验等质量保证措施，有效保证了航天装备研制和发射的成功。

20世纪80年代中后期和90年代初期，随着国家经济体制改革的进一步深入和社会主义市场经济体制的建立，航天企事业单位同时面临军品和民品两个市场的激烈竞争。由此引发的变轨转型所形成的科研生产经营型航天科研生产组织体制，没能从根本上理顺航天军品和民品两个市场的关系，导致产品质量管控出现明显波动，航天特色质量文化的建设与发展面临市场化的严重冲击。

自1985年，中国航天开始探索进入国际商业发射市场。1986年6月，中美讨论使用中国运载火箭发射美国的卫星；1988年6月，长城公司拿下美国休斯公司两颗卫星的发射订单；1990年4月7日，长征三号（CZ-3）运载火箭成功发射休斯公司制造的亚洲一号通信卫星，并向全世界进行了电视转播。以此为契机，中国打开了国际商业卫星发射服务市场的大门。但喜悦没能持续太久，1991年12月28日，CZ-3运载火箭发射“东方红二号”通信卫星失败；1992年12月21日，长征二号E（CZ-2E）运载火箭发射澳大利亚卫星失败；1995年1月26日，CZ-2E运载火箭发射亚太二号（Apstar-2）通信卫星失败；1996年2月15日，长征三号B（CZ-3B）运载火箭发射“Intersat-708”通信卫星失败；1996年8月18日，CZ-3运载火箭发射“中星七号”通信卫星失败。接连不断的失败和事故，使中国航天产品的质量受到严重质疑，对我国的航天领域产生了强烈的冲击。

1999年7月1日，中国航天工业总公司（1993年6月成立）改组为中国航天科技集团公司和中国航天机电集团公司（后者2001年更名为中国航天科工集团公司），政府管理职能的彻底剥离标志着中国航天工业按照社会主义市场经济发展的要求进入一个全新的发展阶段，中国航天特色文化的建设又面临一个全新的、以往所不曾经历过的形势和局面。1999年9月18日，中共中央、国务院、中央军委隆重表彰“两弹一星”突出贡献科技专家，全面总结和高度评价“两弹一星”的伟大成就和成功经验，指出“两弹一星”精神是社会主义精神文明的宝贵财富，标志着航天特色文化从航天领域上升到整个中华民族文化的层次和高度。2000年11月，中国发布《中国的航天》白皮书，提出中国航天是包含空间技术、空间应用和空间科学三大领域的“大航天”概念，此后，逐步确立了航天活动管理的新架构，形成了上述三个领域协调发展的局面。

自1996年10月至2011年8月，我国创造了连续15年、102次发射任务连续成功的世界纪录。期间，运载火箭质量和可靠性水平稳步提高，新一代运载火箭发展步伐加快，天地一体化综合卫星应用体系建设有效推进，月球探测取得突破性进展，载人航天取得历史性突破，空间科学试验与研究取得重要成果。2003年11月7日，在庆祝我国首次载人航天飞行圆满成功大会上全面总结和高度评价了载人航天精神——“特别能吃苦、特别能战斗、特别能攻关、特别能奉献”，这是中国航天特色文化在新时期的一个全面提升和飞越。这一时期，中国航天质量问题归零“双五条”标准不断完善并持续推广，以“零缺陷”系统工程为核心的航天特色质量文化逐渐形成，并展现出强大的生命力和影响力。

中国首次载人太空飞行

1.1.3 壮大

从 2000 年至 2020 年的 20 年间，北斗一号、二号、三号系统相继建成。2020 年 7 月 31 日，北斗三号全球卫星导航系统正式开通，为全球用户提供全天候、全天时、高精度的定位、导航和授时服务。中国成为继美国、俄罗斯之外第三个具有独立自主运行卫星导航系统的国家，这对保证国家安全、促进国民经济、保障大众生活有着重大的意义，是我国为服务全球提供的中国方案。

从 2007 年至 2021 年的 14 年间，探月工程相继完成了月球环绕探测、软着陆和巡视探测，以及取样返回的“三步走”规划；2020 年 7 月 23 日至 2021 年 5 月 22 日，火星探测一次性地完成了环绕探测、软着陆和巡视探测。随着探月工程以及火星探测计划的顺利实施，我国探索宇宙的脚步向着更为深邃的太空稳步迈进。

2022 年是中国载人航天工程立项 30 周年，当年载人航天实现 6 次发射，2 次返回任务圆满成功，先后将“天舟四号”货运飞船、“神舟十四号”载人飞船、“问天”实验舱、“梦天”实验舱、“天舟五号”货运飞船、“神舟十五号”载人飞船送入太空，将“神舟十三号”“神舟十四号”两批乘员从空间站迎回地球家园。2022年11月30日，“神舟十五号”与“神舟十四号”乘员在太空“会师”，空间站三船三舱构型以及6名航天员同时在轨飞行的“天宫”空间站建设胜利完工，历经30年的中国载人航天工程圆满收官，空间站正式转入运营模式。2023年4月24日，第八个中国航天日，中国工程院院士、中国探月工程总设计师吴伟仁接受采访时表示：2030年前，中国人的脚印肯定会踏在月球上，这没问题的。

我国航天在新时代取得一个又一个世界级业绩的同时，又催生了“北斗精神”“探月精神”，彰显了新一代航天人的精神风貌，为中国航天特色文化注入了富含时代气息的鲜明特征。

自2016年中国以16次发射与美国并列成为当年全年航天发射次数最多的国家以来，2018年、2019年、2021年分别以39、34、55次位列当年航天发射次数全球第一，2020年、2022年、2023年分别以39、64、67次屈居当年航天发射次数全球第二。同时，长征五号（CZ-5）、长征七号（CZ-7）、长征八号（CZ-8）等更为安全、可靠、环保的新型运载火箭纷纷投入使用，中国正在快速从航天大国向航天强国迈进。这一时期，以航天精神为核心价值观，以“零缺陷”的航天质量工程理论为基础，融合中国航天特色的质量管理制度、航天人行为规范、航天装备品牌和形象为一体的新时代航天特色质量文化体系日趋成熟，为中国迈入航天强国做好了准备。应当指出，总结中国航天取得的业绩需要运用世界视角和历史视角同步审视。放眼世界，中国航天依然有很大的发展空间；回顾历史，一个曾经将火柴称为“洋火”的国家，要取得如此的成绩需要付出怎样的努力，而中外的差距又激发了中国航天人怎样的激情！

中国空间站、北斗导航、探月和探火工程

1.2 内视

文化具有明显的民族性、地域性、组织性，即不同的民族、地域、组织在物态、行为、制度和精神层面表现出各自独有的特征。在文化这一总概念下，分化出民族文化、地域文化、组织文化等不同的文化形态。那么，什么是文化，如何认识文化的构成及其特性？探索、思考这些根本性的问题有助于我们对文化现象、文化特性有更加深刻的感悟和认识。中国航天特色文化是中华文化的优秀组成部分，而航天质量文化又是中国航天特色文化的核心构成要素之一，推进航天特色文化的持续发展，必须对航天质量文化做深入探究，以促进其不断创新发展。

1.2.1 内涵

1.2.1.1 文化

给文化一词下明确的定义，首推英国人类学家爱德华·泰勒，其在 1871 年出版的《原始文化》一书中指出："文化或文明是一个复杂的整体，它包括知识、信仰、艺术、伦理道德、法律、风俗和作为一个社会成员的人通过学习而获得的任何其他能力和习惯。”自从这一定义提出之后，陆陆续续出现了数百种文化的定义，这反映了不同的关注视角所带来的认知差异，受篇幅所限在此不一一列举和讨论。这里，摘录余秋雨（1946—，中国当代作家、学者）对文化所做的一个简要定义：

文化，是一种成为习惯的精神价值和生活方式。它的最终成果，是集体人格。

从根源上讲，人类的祖先无论是择水而居还是以穴为家，是捕鱼而生抑或狩猎果腹，最开始只是为了生活，即维持个体或族群的延续。但在一个相当长的过程之后，生活成为习惯，习惯就变成了生活方式，而“方式”就是一个重要的文化特征体现，不同的生活方式造就了不同的文化形态。人们生活的地理环境会对其生活方式打上鲜明且独特的烙印，因此仅仅通过生活方式的观察，我们就可以很容易地将人划分到不同的种族之中，并对其所处的地理环境做出基本的判断。

在一定的生活方式下，人类会逐渐形成稳定的原则和方法，以处置自己与家族的关系、与他人的关系、与自然的关系等，并在内心深处产生了对于取舍进退的基本准则和判断，这就出现了精神价值。在精神价值的驱使下，文化无形但却有力，甚至是强制性对人们的生活方式造成持久的同化作用，这进一步塑造了文化的个体特征。精神价值一出现，文化就有了“主心骨”。因此，精神价值，也是对不同的文化形态进行区分的一个重要因素。

精神价值和生活方式经过长时间的沉淀，就一定会形成集体人格。人格，指的是一个人的生命格调和行为规范。通俗地讲，人格就是一个在价值认定上的基本态度，在行为举动上的基本倾向，其形成取决于个体生活的经历、所处的群体，经历和群体的差异形成了人格的差异。这说明，一个人个性的形成，是“自己的事”，同时也是“别人的事”“环境的事”。而集体人格，指的是具有基本相同的生活环境和生活方式的人们在生活格调与行为规范上的共同默契。这种共同默契不必订立，而是深入到潜意识之中，成为一种本能。这种集体人格，具有长期而稳定的分群、培植和约束作用。

集体人格的一个典型例子是中国古代的儒家。他们在“修身齐家治国平天下”方面提出了很多的主张，但在这些主张背后却隐含着一个根本主张，那就是要大家做君子，不做小人。这个根本主张具有强烈的感召作用，正是在这一集体人格的引领下，使得“儒家”成为中华文化中一个坚强而稳固的群体，使儒家思想成为中国文化思想中一个重要的组成部分而延续千年不辍。

1.2.1.2 质量

关于质量的定义经历了多次变化，这种变化反映了人们对质量问题的认知程度与水平不断提高，也反映了质量作为一门学科的知识积累和科学进步的程度。如沃特·休哈特从客观和主观两方面定义质量，菲利普·克劳斯比从符合性方面定义质量，田口玄一从产品和服务对社会的总体负面效应方面定义质量，约瑟夫·朱兰从适用性方面定义质量，刘源张从全面质量管理的角度定义质量，等等。不同的定义，反映了定义的提出者对质量问题关注的重点有所取舍。

狭义的质量，是指产品或工作的优劣程度。这是从产品消费者的视角给出的定义，也是长期以来质量一词最表象的含义。随着时代的进步与形势的发展，消费者在关注产品质量优劣的同时，更关注在产品使用过程中用户体验感的好坏，即产品生产者提供服务的优劣，“好酒不怕巷子深”已成为一个过去式。对于产品生产者而言，质量的高低也不仅仅在于产品自身的优劣，而在于以消费者高体验度为核心的服务质量的好坏。

国际标准化组织（International Organization for Standardization，ISO）在 ISO 9000 体系标准中对质量的定义是：

质量，客体的一组固有特性满足要求的程度。客体指可感知或可想象到的任何事物，特性指可区分的特征，要求指明示的、通常隐含的或必须履行的需求或期望。

国际标准化组织关于质量的定义又被称为“大质量”概念，即不再局限于传统的产品和服务领域，包含了制造、服务、政府和社会组织等在内的所有领域。所谓大质量，是指客户对质量的关注远远超出原有质量内涵，扩大为流程质量、环境质量、经济运行质量、经济增长质量、教育质量、生活质量和企业社会责任等更加宽泛的质量管理范畴。大质量概念建立和认同的过程，也正是质量文化的建立和认同的过程，质量思维和质量管控从单一控制产品性能的优劣向与质量相关的一系列活动进行拓展。

1.2.1.3 质量文化

质量文化的形成与发展是人类自 20 世纪以来质量实践活动的自然结果。作为人类社会的基本实践活动之一，质量实践活动是伴随着工业文明的脚步共同成长起来的。从纯技术的范畴看，质量实践体现为确保实体（可以觉察或想象到的任何事物）与需要和期望有关的性质得到持续满足的完整过程。这包括两个基本的方面：一是满足既定的需要和期望；二是满足需要和期望的能力的持续改进。

随着质量实践活动的不断积累，质量实践逐步超越了其技术的范畴而演变为一种文化现象——质量文化。

20世纪80年代，现代质量管理领军人物、美国学者约瑟夫·朱兰提出“质量文化是人们与质量有关的习惯、信念和行为模式，是一种思维的背景”。之后，人们对质量文化的定义和内涵展开了深入研究，主要形成四个方面的观点：

1）要素观，倾向于状态描述，如“三要素说”提出质量文化包括质量物质文化、质量制度文化、质量精神文化，“四要素说”则在上述基础上增加了“质量行为文化”。

2）结构观，从层次视角剖析质量文化结构，如“三层次论”提出包含外中内三层的同心圆，外层是硬件物质文化，中间层是质量保障制度文化，内层则为质量精神文化。

3）形态观，既将质量文化看作行为方式、管理模式和运行机制，也看作精神文化、发展理念和团队意识，或者将之分为内隐（观念或心理）和外显（物质、制度和行为）两种形态。

4）功能观，认为其具有凝聚、约束、激励、辐射等作用，会促使行业形成特色质量理念，提升行业品质。

综上所述，结合文化和质量的定义，我们认为：

质量文化，是人们在从事质量实践活动中形成的一种已经成为习惯的精神价值和生活方式。它的最终成果，是关于质量实践活动的集体人格。

关于质量实践活动的集体人格的一个典型例子是新时代中国航天人的质量人格。他们在“一次成功”方面提出了很多主张并进行了长期的实践和总结，但在这些主张背后隐含着一个根本主张，那就是“质量就是生命”。为此，所有疑点、异常和问题都必须“归零”并形成明确结论。

1.2.1.4 航天质量文化

在术语学中，概念之间的关系建立在种类特征的层级结构上。基于这一逻辑，我们可以定义航天质量文化、中国航天质量文化和新时代中国航天质量文化。

航天质量文化，是在航天领域，人们从事质量实践活动所形成的一种成为习惯的精神价值和生活方式。它的主要成果，是关于航天质量实践活动的集体人格。

中国航天质量文化，是在中国航天领域，人们从事质量实践活动所形成的一种成为群体习惯的精神价值和生活方式。它的主要成果，是关于中国航天质量实践活动的集体人格。

新时代中国航天质量文化，是在当代中国航天领域，人们从事质量实践活动时，所惯有的精神价值和生活方式。它的主要成果，是当代中国航天人关于质量实践活动的集体人格。

综上，新时代航天特色质量文化，是中国航天人在不断进行航天探索活动中，继承和发扬优良传统，深刻领悟所处时代对中国航天的根本要求，不断总结和反思自身实践所形成的质量精神、质量价值观、质量制度规范、质量行为、质量形象以及所提供的高质量产品和服务的总和。

新时代中国航天质量文化是中国航天 60 多年实践活动的结晶，是当代中国质量文化的最先进代表之一，也是人类航天质量文化的集大成者和最先进代表之一。

航天质量文化是航天文化的核心内容之一，在不会产生歧义时，书中未严格区分两者的不同。

1.2.1.5 新时代

马克思指出："我们判断这样一个变革时代也不能以它的意识为根据；相反，这个意识必须从物质生活的矛盾中，从社会生产力和生产关系之间的现存冲突去解释。"何为新时代？每个人、每个群体以及每个国家都有自己对新时代的定义，不用纠结哪个定义更为贴切，但我们能够强烈感受到我们正处于新时代之中。

世界进入新时代。这是一个属于互联网、电子邮件、社交媒体、智能手机和24小时直播报道的时代；这是一个无论是在市场、时尚领域还是政治舞台上，所有事情都在以光速传播的时代；这是一个人类探索的脚步不断向着以往从来不曾想象过的深邃太空迈进的时代。在这个时代中，所有的事物都在快速变幻并深刻交织在了一起。

中国进入新时代。中国正不断打破自身与外部的种种思想和行为的禁锢，变得更加开放，中国人的脚步从来没有像现在这样迈得更开、走得更远；中国人对自己选择的道路和未来的发展更加自信，中国人从来没有像现在这样充满了发自内心的自豪感；中国在社会、经济和技术领域取得了长足的进展，中国人从来没有像现在这样为人类命运共同体提供了强有力的中国方案和选项。正如塞缪尔·亨廷顿所指出的："到21世纪中叶，甚至更早，经济与制造业产出在主要文明中的分布将会类似于19世纪时的情况。"我们有充分的理由相信，21世纪将会是亚洲的世纪。

中国航天正处在这个新时代到来的高潮之中！我们讨论的中国航天质量文化，必然是新时代的航天质量文化！

1.2.2 结构

1.2.2.1 质量文化结构

英国社会人类学家马林诺夫斯基将文化结构分解为三个部分，提出“文化三因子”说，即物质、社会组织和精神生活。

钱穆将文化结构分为三个阶层，提出“文化三阶层”说，即物质的，面对的是物世界；社会的，面对的是人世界；精神的，面对的是心世界。

为了使讨论既能与中国整个航天领域的质量文化结构保持自然的一致性，又不与中国航天企事业单位乃至政府部门的质量文化结构发生冲突，这里采用“洋葱头”式的航天质量文化结构模型。

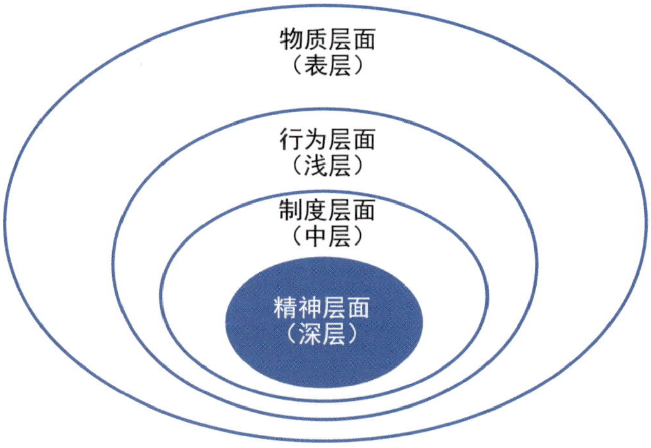

质量文化“洋葱头”式结构

物质层面（表层）。物质层面是质量文化的基础性层面，构成质量文化“洋葱头”结构的外层。物质层面是表层，是人们能直接感受到的一系列物质文化因素，表现为基础设施、产品和服务、品牌、标志标识，以及从事航天实践活动的航天人等，并最终表现为中国航天所提供的产品和服务的优劣，是用户对航天服务最初和最直观的体验和感受。

行为层面（浅层）。行为层面建立在物质层面之上，物质层面是行为层面的载体。行为层面表现为从事航天事业的群体运用物质层面的因素创造产品与提供服务的行为模式，也表现为组织和人员在生产生活中的行为模式，以及团队和个人普遍的做事方式与风格。通过对航天领域内行为方式的观察，用户即可对其所提供的产品与服务质量所能达到的水平做出进一步判断，而无须进行亲身体验。

制度层面（中层）。制度层面是塑造行为层面的主要机制，作用在于通过各种规章制度来约束和规范组织内成员行为和组织自身行为。制度层面涉及以下三个方面，即标准化与规范体系、奖励制度和法律体系。其中，标准化与规范体系提供了对行为及行为结果进行指导与评价的依据，揭示了质量实践活动的基本目标，即应当如何满足既定的需要或期望；奖励制度体现了对行为模式的激励与导向作用，并清晰明确地传递了组织管理的倾向性意见；法律体系则为上述活动和过程的顺利实施提供了强制性保证。

精神层面（深层）。精神层面位于质量文化“洋葱头”结构的最里层，是质量文化的核心内容和最高境界，也是质量文化建设的最终目标。主要表现为质量意识、质量哲学、质量观念、质量方针、质量目标、质量精神、质量价值观以及质量道德观等，是质量文化的核心和精髓，它埋藏于质量文化的深层，渗透在人员的心底，沉淀在人员的脑海中，体现在人员的行动上。质量文化的精神层面是动态变化的，它最能体现质量文化建设的时代特征和根本追求，并反映了组织内成员以及组织的价值观念。

质量文化的四种表现形态之间是互相联系、互相制约、互相渗透和互相转化的，它们之间是相互交织在一起的，没有截然的分界线。

1.2.2.2 中国航天质量文化结构

中国航天质量文化是几代航天人实践经验和教训的结晶，既有源于工程实践的质量理念和方法的原始创新，也有质量与可靠性和系统工程方法有机结合的集成创新，还有在借鉴国外先进质量理念和方法的基础上的再创新。

中国航天质量文化在实践中探索，在探索中创新，在创新中发展和提高，逐渐凝练形成了以“精细化”“零缺陷”为代表的中国新时代航天特色质量文化，并融入中国航天人的血脉，化成中国航天人的集体人格。当作为考察对象内视其结构时，同其他质量文化一样由精神层、制度层、行为层和物质层等四个层面组成。

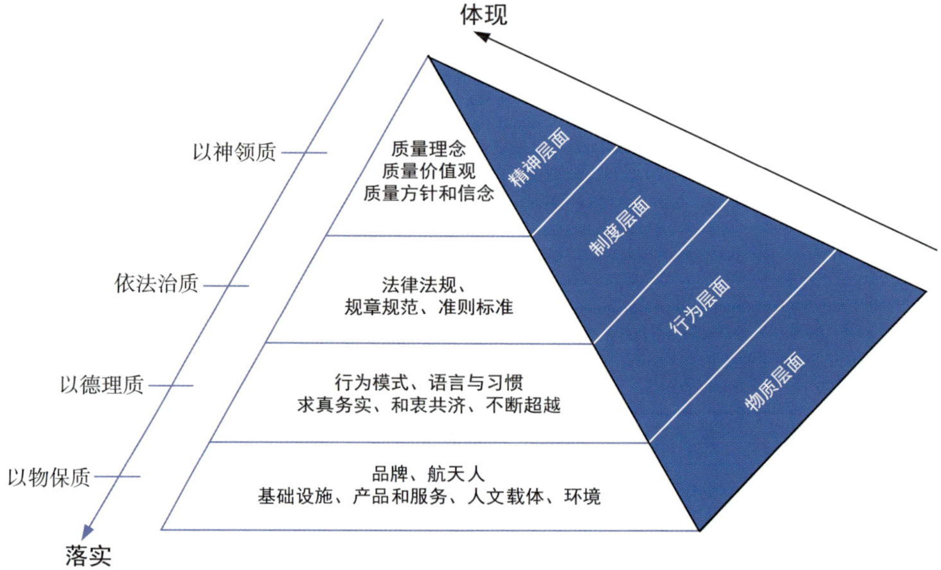

航天特色质量文化的结构

新时代航天质量文化的四个层面自下而上逐层体现，自上而下逐层落实，达到以神领质、依法治质、以德理质和以物保质的有机结合。

以神领质。新时代赋予中国航天新的使命——“发展航天事业、建设航天强国”，新使命要求中国航天质量文化弘扬航天精神，确立质量工作的指导思想、理念、价值观、方针和信条，并将其融入航天事业各级各类组织的科研、生产、实践和装备建设之中，以引领航天质量建设方向，实施“以神领质”。

依法治质。新时代航天质量文化制度建设应贯彻、展开和体现中国航天质量理念、价值观、质量方针和信条，确立先进适用的法律法规，建立健全航天领域的质量规章制度、技术和管理标准体系、各级各类组织的质量管理体系，改进完善行业范围内质量约束和奖惩机制，从而激励、规范、监督评价从业人员的质量行为，实施“依法治质”。

以德理质。新时代航天质量文化行为建设要落实质量制度、践行行为准则，在组织行为与活动、个人语言与行为中，将“求真务实、和衷共济、不断超越”的要求内化为准则、品德和习惯，对组织内成员的质量活动产生强烈的道德约束，实施“以德理质”。

以物保质。新时代航天质量文化物质层面的建设应充分利用品牌标志、基础设施、产品服务和环境等，体现落实质量文化精神、制度和行为等层面的内容，保证质量法规制度、行为规范准则和质量激励与约束机制的有效运行，即以高知名度、美誉度的品牌标志体现高质量的形象，以一流的人才队伍、一流的工作设施、一流的专业水平、一流的工作环境来保证一流的产品质量和一流的服务质量，实施“以物保质”。

实施以神领质、依法治质、以德理质和以物保质的最终目的，是用新时代航天质量文化化出具有中国特质的优秀集体人格。通过具有中国特质的优秀集体人格，有效履行“发展航天事业、建设航天强国”的新使命，塑造和形成中国航天质量形象。这一质量形象具有长期性和稳定性，在很大程度上影响和决定社会公众对航天事业的认可与支持程度，同时在很大程度上也决定了航天人对自己所从事事业的信心、信念，以及追随的决心与意志。

1.2.3 特征

新时代航天特色质量文化在航天领域诞生，更在中华文化中壮大。它是民族的，是中国的，也是世界的，它兼收并蓄，在不断吸纳世界上先进质量文化优秀成分的同时，始终坚持“以国为重”的价值观念、“一次成功”的行为观念和“问题归零”的态度观念，保持了自己鲜活的个性特征。

1.2.3.1 以国为重

文化建设的最终成果是集体人格。中华文化的集体人格可以归结出很多模式，其中衍生最多、重叠最多、渗透最彻底的，莫过于“君子”，而历代文人儒客皆以“君子之道”自勉，并作为行为规范。在当下时代做个君子，也就是做个合格的中国人，要拥有深厚的家国情怀。君子的首要特征是“君子怀德”，“怀德，谓存其固有之善”，“德”的最高境界是“利天下”，“以国为重”就是“利天下”的至高境界。

“男儿铁石志，总是报国心。”今天，“以国为重”不仅仅在航天领域，在钢铁、造船、铁路、航空等任何一个涉及国计民生的行业里，在三峡大坝、港珠澳大桥、大兴国际机场、中国天眼等众多的国家级大型工程中，所发生的和正在发生的一桩桩一件件一幕幕，无不诠释着“以国为重”的大局观念和深厚的爱国情怀。而在航天领域，“以国为重”的集体人格体现得更为纯粹和彻底。试想一下，那些长年累月以大漠戈壁为家的航天人，以及那些在任何一个岗位上为了国家的兴旺与发达而埋头苦干的人们，如果没有“以国为重”的情怀，单凭一腔热血是很难坚守下来的。

中国航天从诞生那天起，就承载着国家使命、民族尊严，凝聚着人民的期盼，并与国家安全、人民幸福紧密联系在一起。从“两弹一星”到载人航天，从北斗导航到嫦娥探月，都是以举国之力铸造国之重器，本质上就要求“铸器之人”必须坚守“以国为重”，敢于舍弃小我，将国家利益、民族利益放在首位。

航天工程始终是人类科技的集大成者，是高科技皇冠上的一颗明珠。一大批才华横溢的吾辈精英从事着这一事业，对于他们来讲，获取显赫的名声与高额的回报是轻而易举的事情。与此同时，航天又是一个创新高度集中的领域，必须为之付出长期的艰辛和努力。也只有胸怀“以国为重”，才能顶得住各种诱惑而不为所动，以高度的使命感、责任感创造出伟大的“两弹一星”精神和载人航天精神，并为之不断注入新的时代内涵，不断缔造中国航天一个又一个奇迹，使白手起家的新中国逐步跨入航天强国之列。

1.2.3.2 一次成功

高投入是航天工程的一个普遍特点。以最基础的装机元器件为例，其质量等级需要达到宇航级，其制造、试验、筛选和老化等成本远远高于民用工业级器件。运载火箭有数十万个、载人航天器有上百万个零部件，而一个零部件失效就可能导致发射任务失败。为此，航天产品从电路板开始就必须进行严格的环境试验和可靠性试验，设备、分系统、系统级都要进行模拟使用环境的试验验证。因此，航天产品无论是研发过程、生产过程，还是检验过程，都非常复杂且周期漫长。圆满按计划完成一个航天工程需要巨大的时间和经济投入，甚至要动员举国之力。我国北斗工程建设历时 20 年，载人航天工程历时 30 年，无论是经济投入还是时间成本都非常巨大。

目前，国际上航天发射成功率基本保持在 95% 左右。即使发射成功了，还有一个航天器能否顺利运行的问题，航天器进入预定轨道却不能提供相应服务的事例，比比皆是。航天器属于高度自动化的系统，对于失效的航天器进行人工干预非常困难。航天器在轨修复技术目前尚处于初期发展阶段，而实施的成本却极为高昂，甚至在有些情况下成为不可能。运载火箭和航天器高新技术应用多，系统极其复杂且研制生产样本少，很难进行大规模生产和试验，技术成熟度和可靠性相对较低，客观上增加了航天工程的高风险性。美国航天飞机由大约 210 万个零部件构成，而直接导致挑战者号航天飞机最终失事的原因，是固体火箭助推器上起密封作用的“O”形橡胶环在低温下失效了。

中国航天事业诞生于建国初期。那时，国家面临着极端不利的国际环境、极度贫困的国民经济、极其落后的科技水平，以及急需提振的国家实力，发展航天事业成了摆脱这些困境的必然选择之一。国家和民族的迫切需要，航天工程自身高投入高风险的固有特性，使当时的决策者和创业者对成功寄予厚望。而随着事业的发展，“成功”也被自然地灌注到了中国航天先辈们的血脉和灵魂之中，成为他们精神追求和行动努力的一个最高目标。此后，60 多年的筚路蓝缕，数不清的背水之战，多少次的峰回路转，不知不觉间，“成功”就成了一代代中国航天人的信仰，并发展成为新时代中国航天质量文化中最具特色的理念——“一次成功”。

不仅是确保一次型号飞行试验或航天任务取得成功，而且是追求型号研制生产的长期持续成功，即次次成功；“一次成功”不仅是航天企业取得成功，而且是所有利益相关方共同取得成功；“一次成功”不仅是航天产品取得成功，而且是所有相关系统均取得成功；“一次成功”不仅是航天质量的总目标，而且是每个航天人的工作标准。可以说，中国航天所讲的“一次成功”是一种大成功。

“一次成功”不仅是航天人追求的目标，而且是有着内在的逻辑性和科学合理性，这是中国航天通过长期实践检验总结出的经验教训。一个器件的安装、一次单元的测试，如果在第一次不能做好而留有隐患或差错，靠后续的检测是很难发现的。面对极其复杂的且已经完成装配的航天产品，检测和排查的代价会极为高昂。国际上就曾出现过软件中将国际单位误作英制单位造成卫星发射失败的例子。客观地讲，这是个小问题，但查找和排除这个小问题却异常困难，其带来的后果也是灾难性的。从这个角度讲，“一次成功”还隐含着为自己的工作负责而不寄托于他人的理念。

1.2.3.3 问题归零

质量问题归零，是一套系统、规范、科学的程序和方法。它是从中国航天工程实践中不断总结、完善得出来的，被反复检验并证明高度有效的，具有中国特色的航天质量保证手段和措施。最初，问题归零是质量问题处理的一个基本要求，随之成为一种制度被全面推广，进而形成企业标准、行业标准，并最终上升为国家标准，为其他行业广泛采用。这是中国航天对全行业、全社会的一个重要贡献。2015 年 11 月，国际标准化组织全票通过由中国航天主导制定的国际标准:《航天系统——质量问题归零管理》(ISO 18238: 2015 Space System—Closed Loop Problem Solving Management)，中国航天质量管理理论和方法得到了世界航天同行的认同，这是中国首次将航天管理最佳实践推向国际，是中国向世界贡献质量管理成功经验的重要成果。

中国航天依据引发质量问题原因的不同，分为技术问题归零和管理问题归零，据此制定“双五条”归零标准。技术问题归零五条标准包括：定位准确、机理清楚、问题复现、措施有效、举一反三；管理归零五条标准包括：过程清楚、责任明确、措施落实、严肃处理、完善规章。质量问题双归零管理方法具体详细地规定了归零处理的措施、程序和标准，对于发生问题的型号或系统，方法起到了“救火”作用；对于其他型号或系统，方法则发挥了“防火”作用。质量问题双归零管理方法将质量问题处理焦点从点扩展到了线、面、系统乃至全行业，从具体问题归零拓展到对原始设计、检验方法、操作规程、人员状态、管理措施、制度规范等全方位的审查、反思与改进，从而达到系统预防的目的。

航天是对未知领域的不断探索和认知，具有很强的试验性。既然是试验，那就说明这一领域充满了人们不曾认识到的不确定性，因此，失败在所难免，应当对失败采取宽容的态度。中国特色航天质量文化所倡导的“一次成功”“问题归零”和航天试验的本质属性并不矛盾，“一次成功”“问题归零”就是要通过有效的措施和手段，将可以避免的失误降到最低程度。同时，尽可能地暴露和发现在以往实践活动中没有认识到的质量问题。因此，“宽容失败”“一次成功”“问题归零”三者是辩证统一的。

1.3 功用

文化是一个范围很宽广的概念，大至一个国家、一个民族，小至一个团体、一个家庭，都可以说有着自己特定的文化或者氛围，这一文化或氛围在这个国家、民族、团体、家庭中发展着、传承着，并塑造了身处其中的大众或个体的特有个性，对内使之凝聚在一起，对外表现为共同的精神风貌。航天特色质量文化作为中华文化的一个有机组成部分，同样具备一般文化所拥有的功能和作用，养成了中国航天的集体人格。

1.3.1 传承

20世纪欧洲著名的哲学家伯特兰·罗素（Bertrand Russell，1872—1970）发现，同样是介绍一个居住的地方，欧洲人会首先告诉你这个地方的交通设施等实用信息，而中国人则会告诉你看似最不实用的事情，比如说古代某个诗人曾经隐居在这里。这正反映了欧洲人和中国人关注视角的巨大差异，中华文化称“子不似父”为“不肖”，可见中国人常常会回顾历史与传承，而这也许就是中华文化能成为最长寿文化的原因之一：中国人非常注重历史，非常注重文化传承。

新时代航天质量文化反映的是中国航天人的共同精神追求和价值观念。它在中国航天创立和发展过程中，像一面旗帜引领着中国航天人在不同的历史时期，始终将个人思想、观念和追求，主动校准到中国航天所要求的整体利益和特定目标上来，践行着中国先进质量文化所倡导的理念，传承着中华文化“君子不器”“天下兴亡”“五湖四海”的优良品质。

20 世纪六七十年代是中国航天艰苦创业时期，周恩来提出的“十六字”方针（严肃认真、周到细致、稳妥可靠、万无一失），航天人树立的“三老四严”作风（对待革命事业，要当老实人，说老实话，办老实事；对待工作，要有严格的要求，严密的组织，严肃的态度，严明的纪律），努力打牢“三桩”基础（组织桩、技术桩、作风桩），创建了伟大的“两弹一星”精神，这些有力保证了中国航天事业顺利起步，极大地激励了民族自尊心和自豪感。

20 世纪八九十年代至 21 世纪初期是中国航天全面发展时期，面对市场经济带来的巨大冲击和复杂多变的国际形势，中国航天“反求诸己”，适时制定并落实了一系列有效强化质量管理的规章和标准，包括著名的“双五条”质量问题归零标准和元器件“五统一”管理办法，一举扭转了中国航天产品质量下滑的被动局面，创造了伟大的载人航天精神。载人航天工程的巨大成功将我国的航天事业推上了一个前所未有的高度，为中国航天腾飞奠定了坚实的人才、技术、思想、理论基础。

21 世纪初期至今，中国航天跨入了一个全新的时代，迎来新的发展机遇期，并呈现加速发展的态势：一是长征五号、六号、七号、八号等新型号运载火箭井喷式涌现；二是北斗导航、嫦娥探月、空间站建设等重大工程全面实施；三是民营商业航天春笋般成长；四是太空经济新业态发展迅猛；五是载人登月计划全面启动。这一时期，中国航天零缺陷系统工程更加成熟，大数据驱动、数字智能等新技术应用日益深化。

“历史川流不息，精神代代相传。”无论是艰苦创业期，还是全面发展期，以及当今的新时代，中国航天对质量的管控与追求从来没有放松过，而航天质量文化也始终与航天事业的成长紧密联系在一起，其核心精神和基本理念反映了时代特征和要求，在中华文化复兴的伟业中，同步传承着中华民族的优良品质，并诞生出顺应时代要求的新因子，引导中国航天继续谱写更加辉煌的新篇章。

1.3.2 化人

文化的终极目的是化人，即通过文化所倡导的精神价值和生活方式，将受众转化成具有特定“集体人格”的人。文化，在中国古代被视为统治者的施政言法，是与“武功”“武威”相对应的“文治”“教化”的总称，即“人文化成”“文治教化”。西汉末年，经学家刘向在《说苑·指武》中论说：“凡武之兴，为不服也；文化不改，然后加诛。”可见，文化的要义和核心功能在于“化”，即通过潜移默化、持久的过程使特定文化形态受众，在意识、思想、精神和行动上不断向该文化形态倡导的核心精神与要义归拢，进而接受、认可其核心精神与要义，并将其核心精神与要义内化为自身精神和行动自觉。

“化”的过程是渐进的、适应的、习惯的，所谓“渐也，顺也，靡也，久也，服也，羽也，谓之化。”“渐（慢慢地）、顺（向着同一个方向）、靡（蔓延）、久（时间长）、服（使顺从）、羽（朋友）”，生动形象地表述了文化持久而潜移默化的教化、辐射、汇聚、归一过程，同时也说明文化浸润在塑造文化受众价值观和文化认同方面必然是一个长期而艰巨的历程。正因为过程是长期和艰巨的，所以就必须首先形成对文化形态倡导的价值观念的价值认同与精神追随，文化才能根植于文化受众的意识深处，进而指导其实践行动并反作用于文化本身，即促进文化形态自身的革新与发展。唯有如此，文化的凝聚作用才能真正发挥出来。

航天事业的特殊性和航天系统的复杂性，尤其是一些特殊过程的不可逆、不可测以及某些工序难以实现自动化的特点，决定了人成为影响航天产品、服务和任务质量的决定性因素之一。一旦人对质量理念的认知和态度发生偏差，行为和操作出现疏漏，再完善的质量管理体系，再先进的质量工具和方法，都不能保证航天产品、服务和任务的高质量。

再好的方法、制度和措施最终都需要通过人才能落实。因此，人的质量意识、敬业精神、工作作风和行为规范构成了航天产品、服务和任务质量保证的强大潜质，是开展质量保证“大众化”的坚实基础。个体的质量意识一旦上升到正向的集体人格（群体素质），将会形成强大的系统预防能力、纠错能力和持续改进能力，最终将“一次成功”转化成为“次次成功”。从这层意义上讲，中国航天人的集体人格决定了中国航天事业的质量。

新时代航天质量文化源于中国航天事业的实践，融合了几代航天人的成功经验和失败教训。在新时代航天事业中，它引导着每一个航天从业者树立正确的质量观和价值观，甘于践行伟大的航天精神，并将个人行为统一到最佳实践模式和“一次成功”的标准上来，为中国航天走向巅峰发挥着重大的支撑作用。

1.3.3 塑形

新时代中国航天特色文化对内形成巨大的内聚力，对外形成强烈的辐射力。在这一文化的引领下，中国航天用一个个人间奇迹不断向全世界展现着崭新、可靠的中国品牌、中国形象、中国模式，形成了一张独特而靓丽的中国名片。SpaceX 创始人兼首席执行官埃隆·马斯克（1971—）表示，“中国的航天计划远比大多数人意识到的先进得多”。对中国航天而言，这是一个比较客观的评价，但对于中国航天人则绝不是一个借以沾沾自喜的缘由。

新时代中国航天特色文化缔造了中国品牌。它以“长征”“天宫”“神舟”“北斗”“嫦娥”“玉兔”“天问”“祝融”等让全世界为之惊叹，展示了中国航天产品的质量信誉，为中国服务人类命运共同体提供了坚实的能力选项，为中华民族迎来更多的朋友与伙伴。

新时代中国航天特色文化塑造了中国形象。它以完美的方案、先进的技术、超高的成功率，展现了中国航天的伟大形象。一方面，鼓舞和激励着全国人民，使他们为之骄傲和自豪；另一方面，激发了青少年的巨大求知欲，吸引更多的有志之士步入探索太空的道路。

新时代中国航天特色文化创造了中国模式。它以严格的标准、科学的流程、优良的秩序、严谨的作风，诠释着新时代中国航天质量模式，对各行各业形成巨大的辐射力和牵引力，激发了他们对更高质量水平和更强质量品牌的不懈追求。

新时代中国航天特色文化形成了中国名片。它以创新的集体、伟大的精神、辉煌的业绩、光明的前景，向全社会乃至全世界展现了中国航天的巨大魅力，打开了一扇了解中国、认识中国的窗口。

1.4 挑战

一种文化形态能够历久弥新的根本原因，一是发展，二是创新。促进发展和创新的根本动力是文化面对的内外部挑战。只有那些能够对动态变化的持续挑战做出积极反映的文化形态，才能将传承延续与革故鼎新有机结合，摒弃那些与时代不相容的东西，在进步与创新中完成自我革命。

1.4.1 形势

1.4.1.1 中美博弈

当今世界，科技创新成为国际战略博弈的主战场。围绕夺取科技制高点的竞争空前激烈，而航天作为高技术与科技创新高度密集的领域，更是首当其冲。在太空，美国奉行一切不利于其自身利益的政策和状况都将不被其所接受的“美国优先”政策，特别是严密防范中国提升进出与利用太空的能力。

美国奉行遏制中国发展的战略，其力度呈愈演愈烈之势。2018年3月23日，特朗普签署总统备忘录，主动挑起中美“贸易战”，后又扩大到“科技战”。美国政府出台了一系列“科技封锁”政策，限制中国企业进口包括高端芯片在内的美国关键技术。更是纠集“盟友”、唆教他国，以“人权”“航海自由”“反对单方面改变台海现状”等为由，对中国横加指责，制造遏制中国发展的国际环境。尤其是2022年8月2日，美国国会众议长佩洛西窜访中国台湾，踩踏中国“红线”，对处于低谷的中美关系再一次造成重大而长远的冲击。当前美国国内各方已经形成共识，那就是：“中美之间只能有一个胜出（There is goning to be only one winner）。”

随着政治、经济、军事等领域愈加依赖太空能力，太空已经成为美国在世界各地活动乃至战争的决定性要素。对于美军而言，太空能力既是其军事行动的强劲支撑，更是其对外凌强欺弱的强力依仗。在这种态势下，中国航天“再上层楼”将更为困难。在这个复杂多变且容不得分毫懈怠的局势下，中国航天除了在独立自主中奋进与超越外，没有第二条路可走。狭路相逢勇者胜。在奋进与超越的过程中，也必将重铸新时代航天特色质量文化，助力中国航天掀开新的篇章。

1.4.1.2 国际航天

当今世界正经历百年未有之大变局，人类已经进入第四次工业革命时期，新科技革命和产业变革成为这一大变局的决定性要素。以 SpaceX 为代表的商业航天，带动美国航天科技事业迅猛发展。在技术方面，以可重复使用为代表的运载火箭和飞船技术，以星链为代表的天基卫星通信技术已步入成熟应用阶段；在工程方面，以年入轨航天器数量、年入轨载荷质量、单发运载火箭载荷质量为代表的空间进入能力也遥遥领先。

猎鹰 9 运载火箭。2016 年 4 月 9 日，一级首次回收成功；2017 年 3 月 30 日，首次复用回收的火箭一级。2023 年 12 月 23 日，编号 B1058.19 的猎鹰 9 火箭创造了史上第一枚 19 手重复使用火箭发射和再回收成功的纪录（该火箭在随无人火箭着陆船返回陆地途中，因遭遇强风和巨浪而颠覆损毁）。截至 2023 年年底，猎鹰 9 火箭累计发射 268 次，其中 241 次回收、213 次复用。猎鹰 9 创造的“发射—回收—复用”模式独树一帜，是一个巨大的、颠覆性的创新，体现了太空探索征途中鲜明的风险意识与首创精神，值得我们认真思考和借鉴。

“龙”飞船。2017 年 6 月 3 日，首次复用的新一代货运“龙”飞船发射成功（该飞船曾在 2014 年 9 月发射，与国际空间站对接并停留 34 天后返回），6 月 5 日与国际空间站对接，7 月 3 日返回地球。2021 年 4 月 23 日，首次复用的二代载人“龙”飞船发射成功，将 4 名航天员送往国际空间站（该飞船曾在 2020 年 5 月发射，将 2 名航天员送到国际空间站）。

星链。美国 SpaceX 的一个庞大项目。计划 2019 年至 2024 年在太空搭建由约 1.2 万颗（后来调整为约 4.2 万颗）卫星的“星链”网络，从 2020 年开始工作，为全球提供高速、低延迟的互联网服务。自 2021 年 3 月 11 日首组 60 颗星链卫星发射，至 2024 年 1 月 29 日第 137 批 22 颗 V2 Mini 星链卫星进入预定轨道，星链卫星增加到 5806 颗。2022 年 3 月 17 日，Speedest.net 运营商 Ookla 发布数据显示，星链卫星互联网在 15 个国家的平均下载速度超过 100Mbit/s。

年入轨航天器数质量。2022 年，全球航天发射 179 次，发射到太空的有效载荷质量超过 1101.71 吨。美国实施 85 次，占全球总发射数的 47.5%，将 754.31 吨的载荷送入太空轨道，占全球入轨总载荷质量的 68.47%，单箭平均发射航天器载荷 8.87 吨。2023 年，全球共进行了 223 次航天发射，其中 212 次进入轨道，发射到太空的有效载荷质量超过 1481 吨。美国成功实施 109 次，占全球总发射数的 48.9%，将 1244.46 吨的载荷送入太空轨道，占全球入轨总载荷质量的 84%，单箭平均发射载荷 11.41 吨。SpaceX 一家公司以 96 次发射占全球火箭成功发射次数的 45%，以发射 2514 颗卫星占全世界有效载荷数量的 87%。

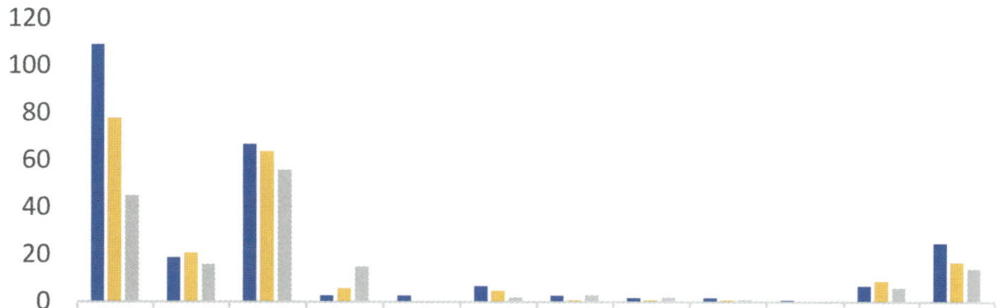

	美国	俄罗斯	中国	欧洲	朝鲜	印度	日本	伊朗	韩国	以色列	新西兰	其他
2023年	109	19	67	3	3	7	3	2	2	1	7	25
2022年	78	21	64	6	0	5	1	1	1	0	9	17
2021年	45	16	56	15	0	2	3	2	1	0	6	14

■2023年 ■2022年 ■2021年

2021—2023年全球航天发射统计

问题的关键不在于先进技术已被成功应用，而是其中所表现出来的持续而强劲的创新意识与巨大的创新能力。这才是中国航天面对的最大挑战，也是新时代航天特色质量文化面对的挑战。

1.4.1.3 自我超越

中国航天在短短的六十多年内取得了“两弹一星”、载人航天等一系列举世瞩目的历史性成就，特别是跨入新时代以来，更是以日新月异的姿态将航天事业推上了一个个更高的层次和水平。

长征系列运载火箭加速向无毒、无污染、模块化、智能化方向升级换代；快舟一号甲、双曲线一号、谷神星一号、捷龙一号、力箭一号、天龙一号、朱雀二号等商业运载火箭纷纷实现成功发射，可重复使用运载器飞行演示验证试验正逐步有序进行。

天宫空间站全面建成并稳定运营，天舟货运飞船和神舟载人飞船联合完成空间站与地面之间的运输任务，国家太空实验室打造、航天员长期驻留、大规模空间科学实验、空间站平台维护等工作顺利开展。

可重复使用运载器演示验证试验

高分辨率对地观测系统天基部分基本建成，对地观测迈入高空间分辨率、高时间分辨率、高光谱分辨率时代。陆地观测业务服务综合能力大幅提升，海洋观测实现全球海域多要素、多尺度、高分辨率连续覆盖，大气观测实现全天候、精细化、连续大气立体综合探测和快速响应灾害监测，基本具备卫星遥感数据全球接受、快速处理与业务化服务能力。

固定通信广播卫星系统建设稳步推进，覆盖区域、通信容量等性能进一步提升，卫星通信进入“高通量”时代，具备为中国及周边、亚太部分地区手持终端用户提供语音、短消息和数据等移动通信服务能力。中继卫星系统迈入升级换代新阶段，综合性能大幅提升。卫星通信广播地面系统持续完善，形成全球覆盖、天地融合的卫星通信广播、互联网、物联网及信息服务能力。

北斗三号全球卫星导航系统全面开通，具备定位导航授时、全球短报文通信、区域短报文通信、国际搜索、星基增强、地基增强、精密单点定位等七类服务能力，服务性能达到世界先进水平；

为道路运营车辆提供安全保障服务，为海洋渔船提供定位和短报文通信服务，为物资运输、人员流动和医院建设等提供精准位置服务。

首次实现航天器在月球背面软着陆和巡回勘察，实现中国首次地外天体采样返回，探月工程“绕、落、回”三步走圆满收官。天问一号火星探测器成功发射，实现火星环绕、着陆，“祝融号”火星车开展巡视探测等，中国航天实现从地月系到行星际探测的跨越。

空间碎片监测网络初具规模，基础数据库不断完善，碰撞预警和空间事件感知应对能力逐步提升，有力保障在轨航天器运行安全。落实国际空间碎片减缓、外空活动长期可持续准则，全面实施运载火箭末端钝化。近地小天体搜索跟踪和数据分析研究取得积极进展。初步建成空间天气保障业务，具备监测、预警和预报能力，应用服务效益不断拓展。

卫星应用服务在资源环境与生态保护、防灾减灾与应急管理、气象预报与气候变化应对、社会管理与公共服务、城镇化建设与区域协调发展、脱贫攻坚等方面发挥着重要作用。卫星遥感基本实现国家和省级政府部门业务化应用，卫星通信广播为农村和边远地区提供直播卫星电视服务，为手机通信基站提供数据回传。卫星应用商业化发展方兴未艾，面向政府、企业和个人的应用市场持续扩大，涌现出一批具有较强竞争力的商业航天企业，产业化、规模化发展格局初步形成。

悟空号暗物质粒子探测卫星获取了宇宙射线电子、质子和氦核能谱精细结构。慧眼硬X射线调制望远镜卫星，实现了宇宙磁场测量和黑洞双星爆发过程全景观测。羲和号太阳探测科学技术试验卫星，获得了多幅Ha波段不同波长点的太阳光谱图像。依托月球探测工程，开展月球地质和月表浅层结构综合探测，在月球岩浆活动定年、矿物学特征和化学元素分析等方面取得重大成果。依托行星探测工程，开展火星地表结构、土壤和岩石物质成分分析，深化了火星地质演化认知。

空间地球科学方面，张衡一号电磁监测试验卫星获取了全球地磁场参考模型和电离层原位数据，构建了全球地磁场参考模型。全球二氧化碳监测科学实验卫星获取了全球高精度二氧化碳分布图，卫星数据全球免费共享。利用墨子号量子科学试验卫星，开展千公里级星地量子纠缠分发和隐形传态实验、引力诱导量子纠缠退相干实验，完成基于纠缠的无中继千公里量子密钥分发。成功发射太极一号和天琴一号空间引力波探测试验卫星。

利用神舟系列飞船、天宫二号空间实验室、实践十号卫星等，在太空实现了哺乳动物细胞胚胎发育，完成世界首台空间冷原子钟在轨验证，深化了微重力颗粒分聚和煤粉燃烧、材料制备等机理认识，取得了一批有国际影响力的空间科学研究成果。

跨入新时代以来，中国航天取得的成就令国人骄傲，令世界侧目。超越对手是困难的，超越自身、获得凤凰涅槃般的新生更加困难，也更加重要。当我们为取得的业绩欢欣鼓舞的同时，如何在现有的成就之上实现创新和突破，将决定中国航天事业能否拥有更加令人向往的未来。

1.4.2 转型

中国航天工业转型升级：由航天制造业向航天产品和服务有机结合的航天制造服务业转变，由型号研制为主的任务型向军民协同创新的任务能力结合型航天工业转变，由主要从事军事航天和民用航天向军事航天、民用航天和商业航天并重转变。

军事是航天事业的最初着力点，这是一个普遍现象。在很长时期内，中国航天“军”的色彩极为浓厚，这是我国航天事业之所以能够飞速发展的原因之一。随着时代变迁和形势发展，这一模式逐渐显现出不利的一面，主要在于不能顺畅地将地方技术力量与创新理念纳入其中。当航天成为一种产业，军、民、商多种力量共同参与的时代开启之后，又长期处于军事航天、民用航天和商业航天发展不协调的状况，形成了主要由国家投资、国有企业研制航天产品的传统模式。

相对于传统航天，商业航天是指以营利为目的，按照市场规则配置技术、资金、人才等资源要素，靠市场经济原则和商业方式运行与发展的航天产业。2014 年以来，我国颁布制定了一系列鼓励、扶持商业航天发展的政策和专项行动计划，令民营航天企业更容易介入航天业。此后，中国航天科技、中国航天科工两大巨头开始了航天全产业链商业实践；长光、银河航天、蓝箭、天兵和谷神星等商业航天公司相继成立并有效运营；吉林一号、银河航天等民营商业卫星，纷纷入轨并开展相关服务；谷神星、天龙、朱雀等民营运载火箭，相继研制成功并开展发射服务；中国商业航天发展进入快车道。

商业航天是我国航天工业整体发展的重要切入点，也是建设航天强国的必由之路。商业航天发展应走航天工业整体结构转型之路，包括传统航天企业逐步分化出更多市场化的商业航天企业，也包括更多的民营航天企业可进入航天工业领域，并能够拿到“国家”订单。

随着我国航天器制造业逐步成熟，卫星数量逐渐增加，航天技术商业化进入快速发展阶段，以商业航天发射服务和卫星应用产业为重点的商业航天迎来重要的战略机遇期，社会资源正充分参与到航天产业运作过程中，这对航天质量文化提出新的挑战，主要体现在：

——商业航天协作模式下，产业链质量保证体系的优化与对接；

——商业航天高效性的研制周期和高性价比的研制成本与全流程质量保证的匹配；

——商业航天初期，市场对其质量保证能力的质疑。

2023年7月12日，全球首枚液氧甲烷运载火箭朱雀二号成功发射

包括质量文化在内的航天文化，是中国航天在发展过程中形成的重要财富，更是中国人逐梦星辰的坚实支撑。在新时代航天商业转型的背景下，需要主动迎接新模式、新业态和新问题带来的挑战，深植创新因子，持续发展进步，以有效支撑商业航天事业的快速发展。

1.4.3 机遇

环顾世界，随着美国航天飞机退役、国际空间站大限将近、重返月球与登陆火星等计划充满变数，在全球新一轮航天制高点的角逐中，载人航天、深空探测、卫星导航和商业航天等方面面临极大竞争和新挑战，同时也涌现出充分合作的新机遇。中国建设航天强国适逢其会，为此，航天特色质量文化必须能够为这个新挑战、新机遇提供新的精神和方法保证。

1.4.3.1 先进技术攻关

中国航天以创新驱动为发展模式，以跨越性技术突破为抓手，新型航天技术攻关全面进入关键时期，主要表现为：

——可重复使用航天器已完成了多次飞行试验；

——面向空间站运营和载人登月的各项研制进展顺利；

——用于深空探测、载人登月和登火、空间基础设施建设的长征九号重型运载火箭和载人运载火箭长征十号先期关键技术攻关加速进行；

——可重复使用运载火箭的各类试验和测试正在紧锣密鼓地进行中。

1.4.3.2 大型工程建设

处于全球先进行列的大型空间“巡天”望远镜，计划2025年发射。

包括嫦娥六号、七号、八号探测器发射的探月工程四期，将在2030年前完成月球科研站基本型建设。嫦娥六号于2024年5月3

日点火发射，按计划完成了月球极区着陆并采样返回，并验证了月基导引高精度着陆技术。嫦娥七号计划 2026 年发射，对月球极区的地形地貌、物质成分、空间环境进行综合探测。嫦娥八号计划 2030 年前发射，开展关键技术月面实验，完成科研站指挥中枢技术验证，建设国际月球科研站基本型。

载人月球探测工程计划 2030 年前实现中国人首次登陆月球。

未来 10 ～ 15 年，将开展火星采样、小行星采样、木星和天王星等行星探测。天问二号计划 2025 年发射，完成近地小行星伴飞、附着、取样返回和主带彗星绕飞，并为小行星起源及演化等前沿科学研究提供数据和样品。天问三号计划 2030 年前后发射，完成火星取样返回，开展火星着陆区形貌和物质成分、火星形成演化研究。天问四号计划 2030 年前后发射，具备实现木星环绕和天王星到达的能力，为深化对木星系和行星际的相关学科研究提供科学探测数据。

在世界航天领域有一个普遍的现象和规律，选择什么样的项目对一个国家航天实力的最终推动效果有着重要的作用。以一系列大型航天工程实施为契机，中国航天探索的脚步将稳步离开地球轨道空间，将向更为深远的领域拓展。在这个过程中，航天特色质量文化将面临前所未有的挑战，需要除旧布新，革除与事业发展和形势要求不相适应的思想、理念和方法。

1.4.3.3 信息技术突破

以大数据、虚拟仿真和人工智能等为代表的新一代信息技术，正在为航天系统工程提供新的研究手段和创新动力，促进航天质量保证向数字化、网络化和智能化方向转变，同时又给新时代航天质量文化建设带来一系列挑战和机遇。

（1）大数据

数据是对信息数字化的记录，其本身并无意义；信息是指把数据放置到一定的背景下，对数字进行解释并赋予意义。如“1949”是个数据，而“中华人民共和国成立于1949年”就是一则信息。进入信息时代后，人们趋向于把所有存储在计算机上的信息，无论是数字，还是视频、照片、音乐等统称为数据。大数据是指实时产生的具有连续性的海量数据。

与传统数据不同，航天质量大数据具有时空两个维度的“全息”性，时间上具有够长的持续性积累，空间上具有够细的精确记录。当其与其他相关数据整合融合时，就能产生很有价值的结果。

大数据驱动，通过将当前数据与设计要求、历史数据、成功包络数据、其他产品和服务数据、航天标准等比对、分析，以更为精准地判断当前产品、服务和任务的状态，进而采取更精准的行动，实现大幅提升工作质量和效率的目的。

大数据分析，通过持续、全过程、全维度的质量数据融合整合，以更为及时有效地发现产品、服务和任务的质量隐患、问题征兆、弱项不足，进而采取更精准的纠正和预防措施，实现大幅提升系统精度和效率，以及有效化解各种风险的目的。数字化转型，是航天事业必须面对的时代课题，大数据的运用为航天质量管控提供了新的思路、手段和技术。

（2）虚拟仿真

仿真，是把现实中的事物及其发展变化过程用计算机显示出来。虚拟仿真，通过仿真技术创造一个实时反映实体对象变化与相互作用的虚拟世界。

与传统推演不同，航天虚拟仿真可以在逼近真实的虚拟场景中，模拟航天产品经历的任务剖面和环境条件，模拟航天任务在不同条件下的发展变化和最终结果，进而达到大大简化、减少现实世界中的试验演练。因此，虚拟仿真技术在越来越复杂的大型航天型号产品研制、系统开发、任务设计和方案选择中得到广泛应用。

在产品研制、系统开发方面，通过虚拟仿真的反复迭代，可以改进设计、制造、试验和集成，优化用样模型，大幅减少实物样机的试验种类和数量。同时，设计人员可以直接在多维模型上进行设计、工艺、制造和集成的协同，使原来只能串行开展的工作尽可能同步，甚至提前开展。这不仅能大幅提高工作效率，而且能有效避免因设计缺陷所导致的反复和失败。

在任务设计、方案选择方面，通过虚拟仿真的反复推演，可以改进项目、活动、过程和资源保证，优化流程、科学决策，大幅减少实装操练、流程演练、试验检验的种类和次数。这一方法的应用，使精准控制和准确预估产品质量有了更为高效、直观的手段。

（3）人工智能

人工智能，是让机器具有类似人的思考能力。不是人的智能，但能像人那样思考，并可能超过人类的智能。

航天智慧化建设正在快速推进之中，将航天质量管理知识与人工智能相结合，实现智能质量管理，是航天智慧化的重要内容之一。

将智能质量管理嵌入航天产品制造中，使得机器可以自动学习并不断更新内容，打造高级人工智能在线质量检测和诊断系统，实现航天制造信息化、智能化质量保证。与传统线下测试、检验、验收等方式相比，在硬件投入、作业效率、工作质量等方面均有明显提升。

将智能质量管理嵌入航天测试发射中，基于自动测试控制技术和高速网络技术，打造高质量的测试发射智慧化，实现航天型号产品远程状态操控、监测和排故，减少甚至无须发射场前端值守操作人员，显著提升航天发射的安全性。

将智能质量管理嵌入卫星等航天器在轨管理，打造航天器在轨自主控制和故障处置系统，实现在轨故障的人工智能诊断、定位和处置，避免人工判读处置带来的操作低效和易错问题。

如何通过航天科技提振国家实力，形成新时期下的战略影响，打破其他国家依托其硬实力（经济、军事、科技等）和软实力（文化、意识形态、政治价值观、国际话语权）对我国实施的压制与胁迫，是新时代中国航天必须面对的挑战和契机。作为新时代中国航天事业的坚强支撑，包括航天质量文化在内的航天文化，需要在新时代国际背景下，与国家使命相融合，与民族复兴相协调，在创新中自我成长、自我培育、自我演变，形成内化于心、外化于行的特殊信仰，以有效应对新时代国际环境局势的挑战。

新时代，航天先进的技术和管理只有在包括质量文化在内的航天文化层面上才能更有效地发挥作用，才能使国家、企业在激烈的竞争中有效面对各种挑战，做到长盛不衰。作为推进航天事业高质量发展的重要环节，航天质量文化需要正确引导、精心培育，逐渐形成更具新时代航天特色的世界一流的质量文化，并充分发挥其传承、化人和塑形功能，为建设航天强国提供强大的支撑力量。

自中国航天创建60多年以来，在党中央的坚强领导下，经过数代航天人艰苦卓绝的持续奋斗，从“两弹一星”到“神舟”载人，从“北斗”指路到“嫦娥”奔月、“天问”探火，中国航天从无到有、从小到大、由大向强，取得了举世瞩目的伟大成就，沉淀了深厚的航天文化。可以预见的是，中国航天必定在实现伟大航天梦的进程中继续谱写新的华章。昨天的辉煌成就也同时预示着在向航天强国奋进的历程中，中国航天必须继续秉持和坚守在初创之时就形成的自力更生、艰苦奋斗、迎难而上的扎实作风，才能向着巅峰砥砺前行。

参考文献

[1] 《中国航天文化的发展与创新》编委会. 中国航天文化的发展与创新[M]. 北京：北京大学出版社，2016.
[2] 《中国航天事业发展的哲学思想》编委会. 中国航天事业发展的哲学思想[M]. 北京：北京大学出版社，2016.
[3] 李洪. 把成功作为信仰——航天工程质量管理[M]. 北京：首都经济贸易大学出版社，2019.
[4] 承文. 一次成功与系统预防——中国航天工业质量管理要略[M]. 北京：中国宇航出版社，2019.
[5] 戴夫·威廉姆斯，伊丽莎白·豪厄尔. 向NASA工程师学文化[M]. 季节，刘博洋，译. 杭州：浙江教育出版社，2022.
[6] 汪民安. 文化研究关键词[M]. 南京：江苏人民出版社，2020.
[7] 余秋雨. 中国文化课[M]. 北京：中国青年出版社，2019.
[8] 塞缪尔·亨廷顿，劳伦斯·哈里森. 文化的重要作用[M]. 北京：新华出版社，2018.
[9] 艾伦·麦克法兰. 文明的比较[M]. 荀晓雅，译. 北京：中国科学技术出版社，2022.
[10] 韩建昌. 我国通用航空文化建设研究[M]. 北京：航空工业出版社，2014.
[11] 何桢. 质量文化[M]. 天津：天津大学出版社，2022.
[12] 董学军，等. 航天装备质量工程技术[M]. 北京：中国宇航出版社，2022.
[13] 董学军，等. 航天发射一体化管理理论与实践[M]. 北京：中国宇航出版社，2021.
[14] 董学军，等. 民商航天发射探索与实践[M]. 北京：中国宇航出版社，2019.
[15] 董学军，路建功，薛辉，等. 航天运输工程——策划·设计·实施[M]. 北京：中国宇航出版社，2023.
[16] 陆晋荣，董学军. 航天发射质量工程[M]. 北京：中国宇航出版社，2016.
[17] 黄志澄. 新航天创新驱动的商业航天[M]. 北京：电子工业出版社，2017.
[18] 王洋. 商业航天工程导论[M]. 北京：中国宇航出版社，2022.
[19] 徐子沛. 大数据[M]. 桂林：广西大学出版社，2013.
[20] 伯纳德·W，泰勒. 数据、模型与决策（第12版）[M]. 侯文华，杨静蕾，译. 北京：中国人民大学出版社，2019.
[21] 史蒂文·L.布伦顿，J.内森·库茨. 数据驱动的科学和工程[M]. 王占山，施展，刘莹莹，译. 北京：机械工业出版社，2021.
[22] 曹梦，蓝天翼. 对我国商业航天发射服务的思考和建议[J]. 卫星应用，2019

（2）：17-19.
［23］ 孙威，李长勋，赵志刚，等. 航天器发射场精细化管理与质量文化建设实践［J］. 质量与可靠性，2020（3）：21-25.
［24］ 陈剑，高仿. 航天基层公司制企业党建工作融入中心的思考与初探［J］. 现代企业文化，2023（14）：81-84.
［25］ 王书武，杨瑶. 基于柔性管理的航天质量文化建设研究［J］. 质量与可靠性，2019（4）：62-66.
［26］ 张梅. 航天质量文化的认识与思考［J］. 航天工业管理，2020（10）：27-29.
［27］ 杨永昌，蒋春霞. 论航天文化育新人的价值［J］. 学校党建与思想教育，2022（2）：50-51.
［28］ 缪银山，许帆，陈登海，等. 航天企业和航天型号项目全面质量管理建设探讨［J］. 科技创新导报，2019，16（32），178-179.
［29］ 袁天元. 新时代航天特色创新文化的思考与认识［J］. 现代企业文化，2022（27）：13-15.
［30］ 朱引科，刘嫒，杜可石. 航天企业特色文化研究与实践［J］. 企业文明，2022（11）：66-67.
［31］ 孙菽艺，李明，韩宇，等. 基于知识转移与文化传承的航天工程技术人才培养模式［J］. 航天工业管理，2022（7）：66-69.
［32］ 刘雨菲. 航天精神・航天文化・太空文明——关于航天文化体系建设的一点思考［J］. 卫星与网络，2021（9）：4-5.
［33］ 种肖，吕奥洋. 航天文化在文化育人中的作用［J］. 文化学刊，2021（5）：170-173.
［34］ 网站：www. nasa. gov（美国国家航空航天局 National Aeronautics and Space Administration）.
［35］ 网站：www. federalspace. ru（俄罗斯联邦航天局 Russian Federal Space Agency）.
［36］ 网站：www. esa. int（欧洲空间局 European Space Agency）.
［37］ 网站：www. cmse. gov. cn（中国载人航天 China Manned Space）.

第2章 航天质量精神文化

精神文化是已经形成习惯的精神价值和集体人格，是文化形态的核心内容。本章讨论中国航天精神的实质及其继承和发展，探讨航天质量价值和道德“二观”的基本内容，讨论航天质量方针理念，论述航天人的“集体人格”。最后，阐述在全面建设航天强国的新征程中，航天质量文化发展的宗旨、愿景和目标。

2.1 精神

精神是一个文化形态的核心内容，也是该文化最根本的特色和最具传承性的内容。对个人而言，精神是思想信仰，是品格修养，是价值取向，是道德理念，是人生态度，是气概情怀；对集体而言，精神是集体人格，是文化传承，是前进方向。与中国航天人取得的一个个历史性成就同步的，是他们创立了“两弹一星”精神、载人航天精神、北斗精神和探月精神。“历史川流不息，精神代代相传。”这些精神形成于不同的时代，却有着紧密的内在联系和绵延不断的血脉传承，深刻反映了航天人自中国航天创立之日起就秉承的强烈的爱国奉献、自强不息、创新不止、奋进不辍的集体人格。

2.1.1 “两弹一星”精神

2.1.1.1 内容

“两弹一星”，即原子弹、导弹和人造卫星。

“两弹一星”精神，即“**热爱祖国，无私奉献；自力更生，艰苦奋斗；大力协同，勇于登攀**”。

中华人民共和国的成立，标志着中国人民在经历一百多年的屈辱后，终于又站了起来；“两弹一星”的成功，标志着中华科技文明在经历了数百年沉寂后也终于站了起来。

“两弹一星”精神，是在为原子弹、导弹和人造卫星事业进行奋斗中，广大科研工作者培育和发扬的一种崇高革命精神，是爱国主义、集体主义、社会主义精神和科学精神的生动体现。

“两弹一星”

为表彰那些为祖国的国防科技事业做出不可磨灭的历史性贡献的人们，1999 年 9 月 18 日，中共中央、国务院和中央军委以最隆重的规格，授予 23 位科技专家“两弹一星”功勋奖章。

“两弹一星”功勋奖章获得者

中国科技从明朝开始落后于西方。1543年（明朝嘉靖二十二年），欧洲发生了两件大事：一是哥白尼（1473—1543年，欧洲文艺复兴时期的天文学家、数学家、教会法博士、神父）出版了《天体运行论》，二是安德烈亚斯·萨维留斯（1514—1564年，欧洲文艺复兴时期的解剖学家、医生）出版了《论人体的脑白体》，这两件事揭开了人类近代科学史的序幕。当时的朝廷对待科学的态度，正如宋应星（1587—？，中国明朝著名科学家）在《天工开物》中所讲"丐大业文人，弃掷案头"，这造成整个社会阶层对科学技术严重鄙视和排挤。此后，中华科技文明逐渐进入衰落期，直至20世纪六七十年代，以"两弹一星"为代表的一批尖端科技装备研制成功，这个国家、这个民族才重新走向伟大的科技复兴之路。

2.1.1.2 渊源

在共产党领导新中国建设发展的伟大历程中，20世纪五六十年代是一个极不寻常的时期。

当时，新中国面对严峻的国际形势，为抵御帝国主义武力威胁，打破大国核讹诈、核垄断，尽快增强国防实力，为国家建设和人民生活创造一个和平的环境，党中央审时度势、高瞻远瞩，果断决定研制"两弹一星"，以此为重点突破国防尖端技术，这是一个对国家发展和安全具有重大战略意义的英明决策。

那时候的中国，科研条件斧破戕缺。经济发展落后，工业基础薄弱，工业水平低下，西方对中国进行全面技术封锁。眺望"两弹一星"的研制征程，荆棘塞途！

那时候的中国，物质条件箪瓢屡空。建设资金紧张，基础设施简陋，生活条件艰苦，科研人员捉襟见肘，科研素质正处于培养的起步阶段。回首那段峥嵘岁月，风餐露宿、筚路蓝缕。

在这样的现实条件下，为什么还要上马如此尖端、复杂、庞大的项目？因为国防安全所逼，不得不搞；国家发展所需，催着我们搞；大国尊严所系，人民期盼搞。

那时候的中国，知识分子地位尊崇。对知识分子政治上充分信任，工作上全力支持，生活上关心爱护，技术上尊重放手，采取一切可能的办法全力释放他们的活力和智慧。

“志不求易者成，事不避难者进。”广大科研工作者牢记党和人民重托，迎难而上、刻苦攻关、勇于创新、大力协作，“路漫漫其修远兮，吾将上下而求索”，创造了非凡的人间奇迹：

1964 年 10 月 16 日，第一颗原子弹爆炸试验成功；

1965 年 11 月，改进型中远程导弹东风二号甲首飞成功，次年 10 月成功进行“两弹（导弹与原子弹）”结合“热试验”，标志着我国有了可用的战略威慑力量；

1966 年 12 月，由我国独立研制的、采用“脾气”更好的燃料的中程导弹首飞基本成功，导弹型号开始从“能用”向“实用”转变；

1967 年 6 月 17 日，第一颗氢弹空爆试验成功；

1970 年 4 月 24 日，第一颗人造地球卫星发射成功，一曲高亢嘹亮的《东方红》乐曲，响彻浩瀚无垠的宇宙太空；

1971 年 9 月，远程洲际导弹首飞取得基本成功，1 个半月后，新中国在联合国恢复合法席位。

正是在上述时代背景下，广大科研工作者怀着振兴中华、筑梦航天的情怀，“亦余心之所善兮，虽九死其犹未悔”，成功实施了“两弹一星”工程并创造了伟大的“两弹一星”精神。

以“两弹一星”为核心的国防尖端科技的辉煌成就，不仅是我国国防现代化的伟大成就，也是中国现代科学技术事业发展的重要标志。它带动了中国现代科学技术的发展，填补了诸多学科空白，为我国科技实现跨越式发展积累了宝贵经验。

需要特别指出的是，中国是世界上唯一一个在自己的国土上进行导弹发射原子弹并成功引爆的国家。这种利用导弹发射真实核弹的热试验具有极大的风险，任何疏漏都将造成遗祸万年、难以宽恕的罪责。但当时的决策者、试验的参与者就是做出了那样的决定并实施了那样的试验，没有绝大勇气、没有对自己工作绝大信心，是万万不可能的。

2.1.1.3 释义

（1）热爱祖国、无私奉献

“两弹一星”研制者们高举爱国主义旗帜，怀着强烈的报国之志，把个人理想与祖国命运紧紧联系在一起，把个人志向与民族振兴紧紧联系在一起。

钱学森、彭桓武等一大批功成名就、才华横溢的科学家，纷纷放弃国外优厚条件，义无反顾地回到祖国，聚集到新中国航天科技事业的旗帜下。

1956 年，在洛杉矶港口，即将启程回国的钱学森告诉记者：“我将尽我所能，帮助中国人民建立一个幸福而有尊严的国家。”

从新中国成立前夕至 1955 年年底，1500 多名海外高级知识分子怀揣着“热爱祖国、无私奉献”的赤诚，冲破重重阻挠，执着而坚定地回到祖国。他们的回归，为新中国第一代科学研究体系的建立奠定了坚实基础。朱光亚等 52 名留美同学联名发出了《致全美中国留学生的一封公开信》，他们写道：“同学们，听吧！祖国在向我们召唤，四万万五千万的父老兄弟在向我们召唤，五千年的光辉在向我们召唤，我们的人民政府在向我们召唤！回去吧！让我们回去，把我们的血汗洒在祖国的土地上，灌溉出灿烂的花朵，我们民族再也不是一个被人侮辱的民族了！我们已经站起来了，回去吧，赶紧回去吧！祖国在迫切等待我们！”

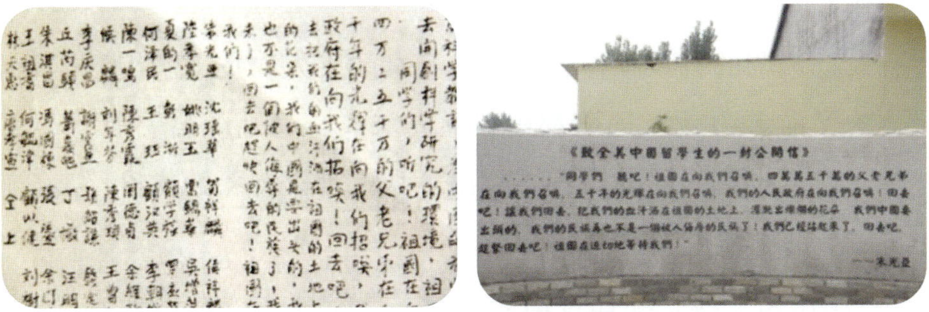

致全美中国留学生的一封公开信

火箭控制系统专家梁思礼是中国近代思想家、文学家梁启超之子，有人问他：“您从父亲那儿继承下来的最宝贵的东西是什么？”他回答：“爱国！爱国这一课，我不曾落下半节！”正是这两个字，支撑了他一生的报国追求。2016 年 4 月 14 日，梁思礼在北京逝世，习近平发唁电表示了深切哀悼，称赞“他的爱国情怀、奉献精神和严谨作风令人敬仰”。

著名核物理学家邓稼先，在一次试验中不顾个人危险把摔破的核弹头碎片拿到手里仔细检验，因受到严重的核辐射而身患直肠癌。病重住院期间，老友杨振宁来看他，问：“研究原子弹，国家究竟给了你多少奖金，值得你把命都搭上？”他说：“原子弹十块钱，氢弹十块钱。”在生命的最后一点儿时间里，他还动情地对妻子说：“假如生命终结后可以再生，那么，我仍选择中国，选择核事业。”1986 年 7 月 29 日，邓稼先因癌症晚期大出血去世。他临终前留下的话仍是如何在尖端武器方面努力，并叮咛：“不要让人家把我们落得太远……。”他平静地走了，为“鞠躬尽瘁、死而后已”的光辉一生画上了圆满句号，留给了后人不可磨灭、弥足珍贵的精神财富。

任新民、屠守锷等众多学有专长的国内知名专家，积极响应国家召唤，以发展航天科技为己任，投身航天事业，开始从事拓荒性的工作。

大批选调的科技工作者、经验丰富的工人、技工学校的优秀学员，为了航天事业，远离都市、远离家人、隐姓埋名、默默奉献，承受了常人难以忍受的艰苦，付出了常人难以想象的代价，甚至献出了宝贵的生命。

“死在戈壁滩、埋在青山头”是老一辈航天人的铮铮誓言，他们用自己的青春热血，写就了一部为祖国为人民鞠躬尽瘁、死而后已的壮丽史诗。“献了青春献终生，献了终生献子孙”是对他们巨大牺牲的生动描述。

创业初期科技人员的艰苦生活

（2）自力更生、艰苦奋斗

1956 年 10 月 8 日，在标志我国航天事业创建的国防部第五研究院成立大会上，聂荣臻（1899—1992 年，中华人民共和国十大元帅之一）指出：“我们不排除在平等互利原则下的外援，我们不搞闭关锁国，但是我们的立足点必须放在自力更生的基础上。”

我国两弹研制起步之初，西方全面封锁我们，苏联虽然给了点儿帮助，但核心技术却都藏着掖着。这让我们意识到，尖端技术买不来，别人也不会给，必须依靠我们自己，走自力更生的道路。1960 年 7 月，在苏联单方撕毁协议、撤走专家的情况下，老一辈航天人运用有限的科研和试验手段，顽强拼搏、发奋图强、锐意创新，攻破了几千个重大技术难关，制造了几十万台（件）设备、仪器、仪表，使研制工作在较短时期内连续取得重大成功。他们所具有的惊人毅力和勇气，彰显了中华民族在自力更生的基础上自立于世界民族之林的坚强决心和能力。

在三年困难时期（1959—1961 年），“两弹”研制工程受到严重波及，国家组织向国防科研战线供应鱼肉、大豆、水果等，从军队口粮里面挤出数万斤大豆和罐头，运往研制基地，被广大科技人员称为“科技肉”“科技鱼”“科技粮”。

我们国家的卫星发射中心全部在大戈壁、大沙漠、大山沟、大海边，都是一些“只可转转、不可停留”的地方，但我们的科学家、大学生、干部战士、职工家属，一茬一茬地来，一代一代坚守在那里，再苦不言苦、苦中求作为。地处茫茫无际的戈壁荒原、人烟稀少的深山峡谷，生活条件十分艰苦，他们风餐露宿，不辞辛劳，克服难以数计的艰难险阻，经受住生命极限的考验，做出了举世动容的业绩。

我们讲发扬艰苦奋斗的精神，从来就不是饿肚子，但现实条件就是那样，没有多余的精力考虑个人吃穿住用等生活事宜，越是这个时候，就越要把个人和国家的轻重搞清楚，把享受和事业的次序摆正确，就是要在艰苦的环境、薄弱的基础、简陋的条件下越发坚定奋斗向前的信念，更加科学合理地配置资源，不达目的誓不罢休。

苏联专家撤离后我国自主建立反应堆实验室

（3）大力协同、勇于登攀

在研制“两弹一星”的过程中，全国除了以核工业、航天工业部门和中国科学院为主以外，还有 26 个部委，20 多个省市区，1000 多家工厂、科研机构、大专院校，成千上万的科学技术人员、工程技术人员、后勤保障人员和解放军指战员。他们团结协作，群策群力，汇成了向现代科技高峰大踏步进军的浩浩荡荡的队伍。

当时，只要是“两弹一星”需要选调的科技专家，点到谁就给谁；只要是“两弹一星”的协作配套任务，就无条件地保质保量按时完成；只要是“两弹一星”需要办理的事情，都毫无保留地全力支持，全国各地处处开“绿灯”，体现了全社会上下的爱国情怀，以及社会主义国家集中力量打“歼灭战”、攻克尖端科技难关的巨大凝聚力。

“两弹一星”研制者们不仅是一个高度团结的优秀群体，也是一支敢于创新、勇于超越的优秀队伍。他们求真务实、知难而进、大胆创新，突破一系列关键技术，取得“令全世界为之赞叹”的伟大成就。他们用自己的业绩，为中华民族书写了光彩夺目的新篇章。

火热的岁月铸就辉煌，闪光的足迹永不磨灭。“两弹一星”是在物质基础十分薄弱、人民生活十分困难的条件下研制成功的，是新中国建设成就的重要象征，是中华民族的荣耀与骄傲，也是人类文明史上的一个勇攀科技高峰的壮举。它既标志着我国硬实力的大跨越，也标志着国家软实力的大提升，极大地鼓舞了中国人民的志气，振奋了中华民族的精神。伟大的事业产生伟大的精神，伟大的精神又推动伟大的事业。只要我们继续保持当年的那么一股劲、那么一种革命热情、那么一种拼命精神，就一定能够创造新的人间奇迹，实现中华民族伟大复兴。

今天，那些曾经在生命最美好的时光中选择以身许国的人们，大多已经远去，但是，他们用心血和生命写就的“两弹一星”精神，早已照亮了这个国家、这个民族通往伟大复兴的道路；他们创立的精神，并没有随时间的流逝而消散与淡漠，反倒成为孕育中国航天精神的一个永不干涸的源泉，并持续激励着一代代航天人在探索的道路上前赴后继。

1911 年 12 月 11 日，钱学森出生于上海市，祖籍浙江省杭州市；1929 年以优异成绩考入国立交通大学机械工程系；1935 年 9 月，赴美进入加州理工学院航空系学习；1947 年，成为麻省理工学院终身教授。

当中华人民共和国成立的消息传到大洋彼岸时，钱学森萌生了强烈的回国念头，决心为新生的祖国贡献自己的智慧和力量。正当他辞去古根海姆喷气推进中心主任职务，全家准备搭乘飞机离开美国的时候，却突然被美国联邦调查局非法逮捕，饱受迫害和折磨达 5 年之久。为争取早日回国，他有意改变科研方向，1954 年的著作《工程控制论》，开创了一个新的工程技术研究领域，从而确立他工程控制领域创始人的地位。

1955 年 6 月，钱学森摆脱监视，把一封写在小纸条上请求回国的信辗转寄到国内。周恩来见到后，亲自安排中美大使级会谈交涉。后来，周恩来讲：“中美大使级会谈，虽然长期没有积极结果，但是，要回来一个钱学森，单就这一件事情来说，会谈也是值得的，会谈是有价值的。”钱学森说：“我从 1935 年到美国，1955 年回国，在美国待了 20 年。20 年中，前三四年是学习，后十几年是工作，所有这一切都是在做准备，为了回到祖国后能为人民做点事。”

1956 年，钱学森牵头完成《1956—1967 年科学技术发展远景规划纲要》中《喷气与火箭技术的建立》规划任务。10 月 8 日，钱学森出任我国第一个导弹研究机构——国防部第五研究院院长。1960 年至 1964 年，钱学森带领科技人员和工人，仿制成功第一枚近程导弹，独立研制成功中近程导弹。

1962 年，钱学森编著出版《星际航行概论》，组织安排航天预研课题，为发展中国空间事业准备条件。1965 年 1 月，他向国家提出制订人造卫星研制计划。5 月，中央军委批准拟订第一颗人造卫星总体方案，钱学森成为研制的技术总指挥、总顾问。1970 年 4 月 24 日，长征一号运载火箭托举着“东方红一号”人造地球卫星发射升空，当“卫星入轨”的那一刻，为中国航天呕心沥血的钱学森，终于用自己的勤奋和智慧实现了报国的夙愿。

钱学森站在航天技术发展的高层，统揽全局、运筹帷幄，对中国航天技术的发展规划、型号方案论证、技术攻关和重大问题组织协调等，做了大量的卓有成效的工作，为其生前的洲际弹道导弹、水下发射战略导弹、“长征”系列运载火箭、各种人造卫星以及试验飞船的成功发射，打下了坚实基础。

1957年，钱学森的专著《工程控制论》获中国科学院自然科学一等奖。1979年，加州理工学院授予他“杰出校友”称号。1985年，因在中国战略导弹研制方面取得的成就，获全国科技进步特等奖。1989年，国际技术交流大会授予他“小罗克韦尔奖章”和“世界级科学与工程名人”“国际理工研究所名誉成员”称号。1991年10月，国务院和中央军委授予他“国家杰出贡献科学家”荣誉称号。1999年9月，中共中央、国务院和中央军委授予他“两弹一星”功勋科学家金质奖章。

2007年《感动中国》钱学森颁奖词对这位中国航天事业奠基人进行了经典概括，“在他心中，国为重、家为轻，科学最重，名利最轻。5年归国路，10年两弹成。开创祖国航天，他是先行人，披荆斩棘，把智慧锻造成阶梯，留给后来的攀登者。他是知识的宝藏，是科学的旗帜，是中华民族知识分子的典范。”

1956年毛泽东与钱学森在全国政协委员宴会上合影

2.1.2 载人航天精神

2.1.2.1 内容

载人航天是人类驾驶和乘坐载人航天器在太空中从事各种探测、研究、试验、生产和应用并安全返回地球的太空飞行活动。其目的是克服地球引力并打破地球大气的束缚，把人类活动从陆地、海洋和大气层扩展到广阔的太空，以更广泛更深入地认识宇宙，开发利用太空资源，拓展人类生存空间。

中国载人航天工程于 1992 年 9 月 21 日经中央批准实施，代号“921 工程”，是中国空间科学实验的重大战略工程之一。载人航天精神，即“**特别能吃苦、特别能战斗、特别能攻关、特别能奉献**”，是我国航天工作者在推进载人航天工程这一宏伟事业中孕育产生并不断发扬光大的一种崇高民族精神，是以爱国主义为核心的艰苦奋斗、勇于攻坚、开拓创新和无私奉献等精神的生动体现。

中国“天宫”空间站

截至 2023 年 12 月，中国进入太空的航天英雄：

航天英雄

2.1.2.2 渊源

早在 1966 年，原国防科工委就制定了研制宇宙飞船的计划，钱学森为其命名“曙光一号”。由于受国家经济困难和相关技术不成熟等方面的影响，1975 年中央暂停了载人宇宙飞船的研制计划。1986 年 3 月，王大珩、王淦昌、杨嘉墀和陈芳允四位科学家提出《关于跟踪研究国外战略性高技术发展的建议》，党中央、国务院果断决策，迅速启动了高技术研究发展计划（简称 863 计划），把载人航天工程重新提上研制日程。

1992 年 1 月 8 日，中央专委召开会议决定由国防科工委负责，组织进行载人飞船工程技术和经济可行性论证。1992 年 8 月 1 日，中央专委召开会议，决定工程分三步走：第一步，在 2002 年前，发射两艘无人飞船和一艘载人飞船，建成初步配套的试验性载人飞船工程，开展空间应用试验；第二步，在一艘载人飞船发射成功后，突破载人飞船和空间飞行器的交会对接技术，并利用载人飞船技术改装、发射一个小型的空间实验室，解决一定规模的、短期有人照料的空间应用问题；第三步，建造空间站，解决较大规模的、长期有人照料的空间应用问题。

中国第一艘飞船的研制工作历时6年多，110多个科研院所和企业直接参与，3000多个单位协作配套，10多万科技人员和工人为其奉献心血和智慧。1999年11月20日，携带神舟一号试验飞船的CZ-2F运载火箭在酒泉卫星发射中心点火发射，10分钟后，飞船进入预定轨道，此后共飞行14圈、遨游21小时，于21日凌晨返回地面，成功完成载人航天工程的首航。此后，于2001年1月、2002年3月和12月，分别发射了神舟二号、三号和四号无人飞船，全面考核了航天员对太空生活和着陆冲击的适应性，验证了飞船、火箭等系统的可靠性、安全性和工作性能等。2003年10月15日9时整，CZ-2F运载火箭点火发射，中国航天员杨利伟搭乘神舟五号载人飞船进入太空。10月16日6时23分，神舟五号返回舱在内蒙古四子王旗平安着陆，中国成为世界上第三个独立开展载人航天活动的国家。至此，中国载人航天工程第一步顺利收官。

2005年10月和2008年9月，神舟六号、七号完成规定的飞行任务，其中，航天员翟志刚身穿中国自己研制的“飞天”舱外航天服进行出舱活动，标志着中国成为世界上第三个独立掌握空间出舱关键技术的国家。2011年9月29日，天宫一号目标飞行器发射并进

神舟飞船船箭组合体自垂直总装测试厂房垂直转运至发射塔

入预定轨道；此后，神舟八号、九号和十号先后完成与天宫一号目标飞行器的无人和有人交会对接并安全返回地面。2016年9月15日，天宫二号空间实验室发射成功；10月17日7时30分，载有两名航天员的神舟十一号飞船从酒泉卫星发射中心启航，经过2天独立飞行完成与天宫二号空间实验室的交会对接形成组合体，在完成一系列的应用和实验任务后，于11月18日顺利返回着陆。2017年4月，中国首个货运飞船天舟一号由长征七号运载火箭发射升空，并完成天宫二号首次推进剂在轨补加试验。至此，中国载人航天工程第二步任务全部完成。

2010 年 9 月 25 日，中国载人空间站工程正式立项。2013 年 3 月，空间站进入方案研制阶段。2015 年 4 月，空间站进入初样研制阶段。2020 年 5 月 5 日 18 时，长征五号 B 运载火箭成功将搭载的新一代载人飞船试验船和柔性充气式货物返回舱试验舱送入预定轨道，首飞任务取得圆满成功，拉开了我国载人航天工程“第三步”任务序幕。

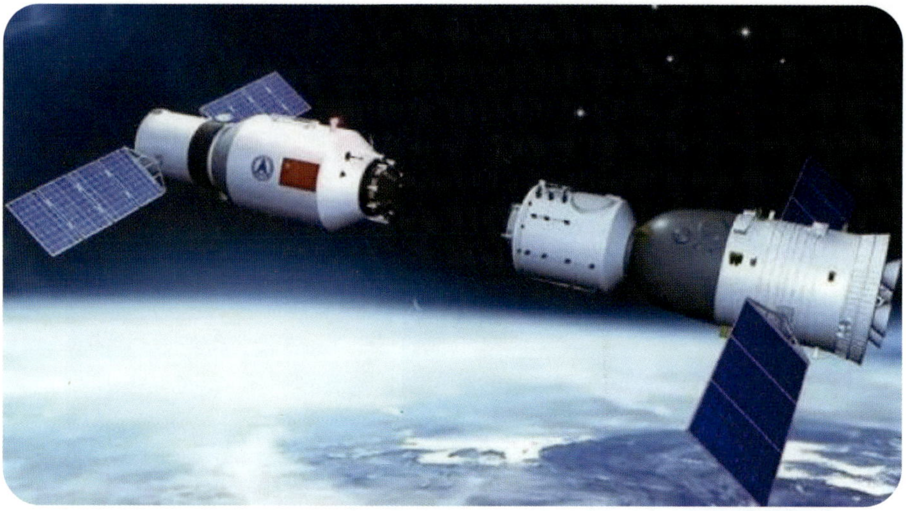

2016年10月19日，神舟十一号飞船与天宫二号空间实验室交会对接

2021 年 4 月 29 日，长征五号 B 运载火箭搭载空间站天和核心舱发射升空，5 月 18 日完成了在轨测试验证。同年，天舟二号、三号货运飞船携带航天员生活物资、舱外航天服及出舱消耗品、平台物资、部分载荷和推进剂等完成与天和核心舱的自主快速交会对接；神舟十二号、十三号载人飞船分别运送 3 名航天员入驻空间站天和核心舱。2022 年是中国载人航天立项 30 周年，全年载人航天任务实现 6 次发射（2 次载人）、2 次返回，先后将天舟四号货运飞船、神舟十四号载人飞船、问天实验舱、梦天实验舱、天舟五号货运飞船、神舟十五号载人飞船送入太空，将神舟十三号、十四号两批乘员迎回地球。2022 年 11 月 30 日，神舟十五号与神舟十四号乘员在太空“会师”，空间站三船三舱构型以及 6 名航天员同时在轨飞行的天宫空间站建设基本完成。此后，历经 30 年建设的空间站正式转入运营模式。

2022年11月30日，神舟十五号与神舟十四号乘员在太空“会师”

2023 年 5 月 29 日，神舟十六号载人飞行任务新闻发布会披露：我国计划在 2030 年前实现中国人首次登陆月球，开展月球科学考察及相关技术试验，突破掌握人地月往返、月面短期驻留、人机联合探测等关键技术，完成“登、巡、采、研、回”等多重任务，形成独立自主的载人月球探测能力。

2.1.2.3 释义

（1）热爱祖国、为国争光的坚定信念

广大航天工作者自觉把个人理想与祖国命运、个人选择与事业需要、个人利益与人民利益紧密联系在一起，始终以推动航天事业发展为崇高使命，以报效祖国为神圣职责，殚精竭虑、呕心沥血，奋力拼搏、挑战极限，表现出强烈的爱国情怀和对党对人民的无限忠诚。

1999 年 11 月 24 日，江泽民在观看“神舟一号”试验飞船返回舱时说：“我所有的千言万语，都代替不了你们所表现出的爱国主义精神。”

从钱学森“祖国已经解放，我们该回去报效祖国了”，到孙家栋“国家需要、我就去做”，王永志“听党的话、跟党走，党让干什么就干什么，无论干什么都要干好”，再到戚发轫“国家事情再小也是大事，个人事情再大也是小事”，这是航天领航人的心声，也是全体航天人的真实写照。面对重重困难和严峻挑战，航天人响亮地喊出了“一切为了祖国，一切为了成功”的口号，这是一代代航天人奋发图强的见证。

（2）勇于登攀、敢于超越的进取意识

在我国载人航天工程比世界起步晚30年的情况下，广大航天工作者知难而进、锲而不舍，勤于探索、勇于创新，攻克了飞船研制、运载火箭高可靠性，以及轨道控制、飞船返回、空间站建造等国际宇航界公认的尖端课题，不仅在一些重要技术领域达到了世界先进水平，而且形成了一套符合我国载人航天工程要求的科学管理理论和方法，积累了大型工程建设现代化管理的宝贵经验。

中国载人航天工程历经40年，终于站在了人类航天的巅峰，是中国航天人相信科学、依靠科学创造的奇迹，也是抢占科技制高点、刻苦攻关创造的奇迹，其所经历的坎坷和辉煌，记录着中华民族在历史大跨越中的自强、自信与自豪。

（3）科学求实、严肃认真的工作作风

载人航天是当今世界最具风险的高科技实践活动之一，空前复杂的载人航天工程能够在较短的时间内不断取得历史性突破，是与航天人严谨细致、科学求实、严肃认真的工作作风分不开的。

广大航天工作者始终坚持把确保成功作为最高原则，坚持把质量建设作为生命工程，以提高工程安全性和可靠性为中心，依靠科学，尊重规律，精心组织、精心指挥、精心实施，在任务面前斗志昂扬、连续作战，在困难面前坚韧不拔、百折不挠，在成就面前永不自满、永不懈怠，创造了一流的工作业绩。

（4）同舟共济、团结协作的大局观念

全国数千个单位、十几万科技大军自觉服从大局、保证大局，同舟共济、群策群力，坚持统一指挥和调度，有困难共同克服，有难题共同解决，有风险共同承担，充分发挥社会主义制度能够集中力量办大事的政治优势，凝聚成一股气势磅礴的强大合力。

载人航天工程是迄今为止我国规模最大、系统组成最复杂、技术难度最高、协调面最广的航天工程，直接承担工程任务的科研院所有 100 多家，数千名科学家和工程技术专家协力攻关，几十万人参与到工程建设之中。如果没有同舟共济、团结协作的大局意识，没有协同创新、集智攻关，确保如此巨大复杂的科技工程顺畅运转是无法想象的。中国载人航天工程的巨大成功，是充分发挥社会主义举国体制和军民协同创新发展的优秀典范。

（5）淡泊名利、默默奉献的崇高品质

载人航天事业取得的辉煌成就，凝聚着我国几代航天人的艰辛和奉献。长期以来，广大科研人员一心为事业，舍弃多彩而选择单调的生活方式，舍弃功成名就的机会而选择平凡，不计个人得失、不求名利地位，以苦为乐、无怨无悔，为航天事业奉献了青春年华和聪明才智，有的甚至付出了宝贵的生命，书写了许许多多可歌可泣的感人事迹，涌现出许许多多可敬可佩的时代英雄。他们用自己的青春、智慧、热血和生命铺就了通往太空的成功之路。

那些曾经在生命最美好的时光中选择投身中国载人航天的人们，用生命和智慧培育并发扬了载人航天精神，在这个国家、这个民族的伟大复兴之路上，铸就一座回望筚路蓝缕、指引光明未来的丰碑。

如果说“两弹一星”的成功，标志着中华科技文明在经历了数百年低沉后终于站了起来；那么，载人航天工程，必将见证中国航天由大国变成强国的历史时刻。在不久之后的一段时间内，“天宫”空间站将成为人类在太空运行的唯一载人空间站；2030年前，实现载人登月并在此后建立月球基地，正昭示了中国成为航天强国的时间指日可待。

1992年，中国载人航天工程正式立项。1996年，在现役战斗机飞行员中选拔航天员。经过细致的审查后，1500多名飞行员进入初选名单。此后，历时2年，到了1998年，只剩下14名成员，组成了中国人民解放军航天员大队。接下来，等待他们的是常人难以承受的长达5年的特殊训练。

一是水下负重训练。航天员需要穿戴120多千克的装备，在水下进行长达4～6小时的不间断训练。有航天员描述，每次训练结束后，自己直到吃饭时手都是抖的，连筷子都拿不住。一次训练结束，体重就能下降1～2千克。

二是前庭功能训练。航天员需要带上眼罩，固定好头、脚及双臂，坐在多轴晃动的转椅上，做360度快速旋转，在这过程中，转椅还会上下前后摆动，模拟在宇宙中迷失空间方位的状况，用来训练航天员抗晕能力。

三是应激反应训练。航天员坐在6米摆长的四柱电动秋千上，持续剧烈晃动，一次训练时间长达15分钟，观察航天员是否出现恶心、呕吐等应激反应，以防止或减少空间运动病的发生。

四是缺氧耐力训练。航天员进入试验舱后，工作人员将对舱内进行减压，以创造低压缺氧的环境。在这种情况下，航天员还要不断地重复完成各种设备操作，目的是让航天员在低压缺氧等特殊情况下，仍能完成相关设备操作。

五是72小时剥夺睡眠训练。航天员需要在非常狭小的空间内完成各种高强度工作，全程与外界隔离，三天三夜不能睡觉、不能休息，不断挑战生理和心理的极限。

六是超重耐力训练。在离心机的高速旋转中，航天员要承受自身重力8倍的过载，相当于将八九个自己体重的石块压在身上，这一训练会让人面部失控、呼吸困难，眼泪不自觉地往外流。有航天员讲，在进行超重耐力训练时，感觉肋骨被压下很大一部分，肚子更是完全被压扁，脸上的肉就像被使劲儿往下压一样，整张脸都是变形的。由于要承受超过自身8倍的重力，航天员训练时很容易因脑部缺氧而休克、昏厥，十分危险。训练的目的是为了让航天员在飞船上升和下降过程中，能够承受巨大过载，始终保持清醒，正确进行操作。

七是寂静与孤独训练。将航天员一个人关在绝对安静无声的小房间里，完全与世隔绝，听不到任何外界的声音，没有外界信息的干扰，没有对话交流，没有音乐广播，甚至没有昼夜之分。航天员将在这样的隔音室中独自生活一段时间，忍受孤独，挑战心理和精神的极限。

八是失重训练。航天员要在以抛物线飞行的失重飞机中，完成吃饭、喝水、穿脱衣服、闭眼睁眼等定向运动，以模拟太空失重环境下的生活。

九是侵扰训练。在噪声和振动环境里，忍受不间断的侵扰，以观测是否烦躁不安。

在进行上述痛苦而危险的魔鬼训练时，每个航天员手里都会握着一个红色的报警器，在难以忍受或发生突发状况时，只要按下按钮，训练就会立即终止。然而，自从中国航天员大队成立以来，从来没有一个航天员碰过报警器的按钮，这个记录在世界上至今没有任何一个国家可以打破。

为了祖国航天事业的发展，航天员们经历了生死考验，克服了生理和心理上的极限。2003年，《感动中国》的杨利伟颁奖词，既是对杨利伟本人的致敬，也是对中国所有航天员乃至所有载人航天工程参与者的致敬——“那一刻当我们仰望星空，或许会感觉到他注视地球的目光。他承载着中华民族飞天的梦想，他象征着中国走向太空的成功。作为中华飞天第一人，作为中国航天的杰出代表，他的名字注定要被历史铭记。成就这光彩人生的，是他训练中的坚韧执着，飞天时的从容镇定，成功后的理智平和。而这也是中国航天几代人的精神，这精神开启了中国人的太空时代，还将成就我们民族更多更好的梦想。”

航天员训练

2.1.3 北斗精神

2.1.3.1 内容

北斗全球卫星导航系统是中国自主建设运行的全球卫星导航系统，是继美国全球导航系统（GPS）、俄罗斯格洛纳斯系统（GLONASS）之后第三个成熟的卫星导航系统，也是中国迄今为止规模最大、覆盖范围最广、服务性能最高、与人民生活关联最紧密的复杂航天系统。洋山港全自动化码头，就是一个活生生的北斗应用例子。不夸张地说，对于卫星导航系统，其应用的范围和领域只受想象力的限制。

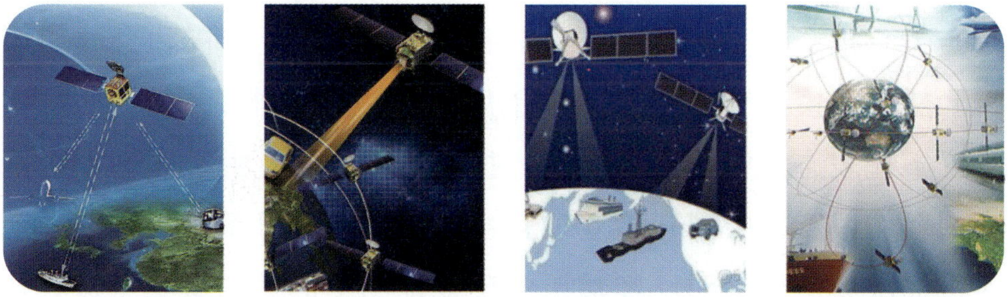

丰富多彩的北斗应用

北斗精神，即“**自主创新、开放融合、万众一心、追求卓越**”，是中国航天人在建设北斗全球卫星导航系统过程中培育和发扬的新时代精神，是中国航天人在建设科技强国征程中树立起的又一座精神丰碑，是与“两弹一星”精神、载人航天精神既血脉赓续、又富含鲜明时代特质的宝贵精神财富。

2.1.3.2 渊源

20 世纪 70 年代，从事“两弹一星”的科学家们就已经认识到卫星导航定位系统的重要性，他们曾在卫星导航领域进行过探索，并在理论和实践方面开展了卓有成效的工作。立项于20世纪60年代末的“灯塔计划”，虽因技术方向转型和财力有限等原因而终止，却为后来的北斗工程积累了经验。

1994年，中国启动北斗一号系统建设。2000年10月31日、12月21日，分别发射首颗和第2颗北斗导航试验卫星，北斗一号系统初步建成，采用有源定位体制服务，成为世界上第三个拥有卫星导航系统的国家。2003年5月25日，第3颗北斗导航试验卫星发射成功，北斗一号系统性能进一步增强。

2002年，欧盟发起“伽利略”卫星计划。彼时，中方遇到技术瓶颈，欧盟缺少开发基金，双方决定联手研究与部署。根据协议，中国承诺为工程提供2.3亿欧元约合23.4亿元人民币的建设资金（总投资的五分之一），将拥有系统部分所有权和全部使用权。然而，蜜月苦短，仅仅4年后中国完全被排除在项目之外，决议不让表态，资料不许浏览，技术不被告知。由于欧盟缺少基本的合作诚意，中国开始立项自主研发北斗二号系统。冷酷的现实再一次无情地证明已经被历史反复证明了的铁的事实：核心技术是买不来的！

2004年9月，中国启动北斗二号区域卫星导航系统工程建设。自2007年4月14日至2012年10月25日，北斗二号系统完成5颗地球静止轨道卫星、5颗倾斜地球同步轨道卫星和4颗中圆地球轨道卫星组网，具备为亚太地区用户提供定位、测速、授时和短报文通信服务能力。至此，北斗导航卫星系统“三步走”战略圆满完成了第二步的目标任务。

2009年12月，北斗三号全球卫星导航系统立项。2017年11月

5日至2020年6月23日，北斗系统的55颗导航卫星全部部署完毕。2020年7月31日，北斗三号全球卫星导航系统建成暨开通仪式在人民大会堂举行，习近平宣布系统正式开通。北斗三号系统为全球用户提供定位导航授时、全球短报文通信和国际搜救服务，同时可为中国及周边地区用户提供星基增强、地基增强、精密单点定位等服务。

2035年，中国将建设完善更加广泛、更加融合、更加智能的综合时空体系，进一步提升时空信息服务能力，提供高弹性、高智能、高精度、高安全的定位导航授时服务，更好惠及民生福祉、服务人类发展进步。

2.1.3.3 释义

（1）自主创新

北斗系统的建设，浓缩着我国科技创新的不凡之路。仅北斗三号工程建设，就攻克了星间链路等160余项关键核心技术，推动500余种器部件国产化研制，实现核心部件国产化率100%。

关键核心技术是要不来、买不来、等不来的。自2018年起，美国针对中国发起的中美“芯战”越演越烈，充分证明只有把关键核心技术牢牢掌握在自己手中，才能真正掌握竞争和发展的主动权，才能为发展自己、造福人类奠定坚实的技术基础。

（2）开放融合

北斗系统建设始终立足中国、放眼世界。中国北斗秉持和践行“世界北斗”的发展理念，在覆盖全球的基础上积极融入全球、服务全球。目前，基于北斗的土地确权、精准农业、数字施工、智慧港口等在东盟、南亚、东欧、西亚、非洲等地区得到成功应用。坚持开放融合、互惠合作、兼容互补、资源共享等理念，从北斗一号建成向中国提供服务，到北斗二号建成向亚太地区提供服务，再到北斗三号建成向全球提供服务，中国北斗不断走向世界舞台。必须强调的是，合作的前提是能力，合作水平取决于能力水平，没有与之相适应的能力，就不可能有公平相待、互惠互利的合作。北斗系统的成功应用，又一次无可辩驳地、深刻地揭示了这一事实。

（3）万众一心

研制建设北斗系统这一世界级工程，必须充分发挥集中力量办大事的优势。全国400多家单位、30余万名科技人员参与研制建设，举国上下鼎力支持，从系统总体到底层，从管理高层到员工，从建设口到应用口，从设计方到施工方，从管理线到技术线，不同类型、不同性质和不同隶属关系的单位有机地融为一体，汇聚起万众一心、众志成城的磅礴力量。

（4）追求卓越

北斗系统正式开通，彰显出中国力度、速度、精度和气度，离不开航天人追求卓越的精气神。北斗工程牵一发而动全身，一个小问题就有可能影响甚至决定整个大工程。在第9颗北斗三号卫星某关键单机测试中，发现一个关键指标超差。超差值虽小于1纳秒，但为了消除这个误差，整个团队所有的工作停了下来，认真研究攻关，直至问题圆满解决。正是这种精益求精、追求极致的精神，确保了北斗系统各项技术指标均可以比肩美国GPS。

“滴答、滴答，中国在等待你的回答。你的夜晚更长，你的星星更多，你把时间无限细分，你让速度不断压缩，三年一飞腾，十年一跨越。当第五十五颗吉星升上太空，北斗，照亮中国人的梦。”这是感动中国2020年度组委会给北斗三号工程副总设计师、卫星系统首席总设计师谢军的颁奖词。

由于长期连续工作，谢军经常几天几夜不眠不休，曾经三次晕倒在卫星发射现场。

记者:“卫星总设计师是一种高危职业吗？”

谢军:“是不是高危职业，我没有与其他职业比较，但总设计师压力太大，倒是不争的事实。以北斗工程为例，北斗工程六大系统，后来又加了个星间链路运行管理系统，每个系统都极其复杂，可以说是每个元器件、每个螺钉、每根连线，都牵连着整个型号任务的成败。作为这个系统的总设计师，事无巨细，出了问题，最后都必须找总师去解决，压力怎能不大？”

记者:“压力非常之大！”

谢军:“举个例子，北斗三号上有一台非常重要的时频设备，在测试时，发现偶尔会出现1纳秒的跳动，1纳秒是10的负9次方秒的概念，假如一只时钟，每天变化一纳秒，300万年之后，才会变化1秒，对我们日常生活来讲，1纳秒比瞬间一刹那还要短得多。但对于高精度的导航，1纳秒对应的星上参数，就会有0.3米的偏差，这个偏差带到用户那里，可能就变成20米、30米了。如果每颗星都有这个问题，整个系统的服务就会大打折扣。为了解决这个问题，我们费了很大的精力去查找，经过反复排查，发现是地面上测试设备测试方法的问题，导致了偶尔1纳秒的跳动。”

那一年，孙家栋带着谢军等人到504所，调研原子钟的研制精度。原子钟总设计师贺玉玲作汇报，等大家谈得差不多时，孙家栋说:“小贺啊，你们的原子钟要是不过关，卫星是绝对不能上天的。”

贺玉玲一听就急了，“哎呀，孙老，您这一说，我们的压力更大了，我真怕因为我们，拖了整个工程的后腿。”

孙家栋满脸严肃:“拖不拖后腿另说，谁叫你们承担的是北斗工程的关键部件，关键部件过不了关，卫星怎能上天？”

贺玉玲表态:“孙老，我们会百分之百的努力，争取不拖后腿。”

孙家栋笑了:“好啊，小贺终于下决心了。不过，不是争取，而是一定！”

几年后，原子钟攻关成功了。

谢军在一次与孙家栋的交谈中提起当年之事。谢军说:“您平时特别随和，可那天口气那么严厉，丝毫没有商量的余地。别说人家是一个女同志，就是我们这些经常被您敲打的‘厚脸皮’，也会感到压力太大了。”

孙家栋打量着谢军，问:“谢军，你说说总师是干什么的？”

谢军想了想，说:“您不是说过吗，总师一要决策，二要协调，还有……是不是还要服务？”

“好，你先说说决策。原子钟这件事，你要是我，应该怎么决策？”

谢军说:“西方卡咱们，靠买是买不来的，自古华山一条道，只能靠自主研制。”

孙家栋接过话茬:“这不就得了。北斗二号当时还可以到西方去买，到了北斗三号卫星，这条路走不通了，必须全部靠自己了。这时，当总师的头脑得特别清楚，决策要特别坚定，决不能含糊其辞，要让所有人都丢掉幻想。当时虽然严厉一些，让他们几天几夜睡不着觉，过后，他们会马上醒悟的。”

末了，孙家栋又说:“当总师，有些事情可以妥协，唯独关键器部件国产化这件事不能妥协。可以一步一个台阶上，一个一个去攻关，但不允许不干，还幻想着去国外买。如果不是我们吃了亏后，狠抓这件事情，还会有今天的北斗吗？”

2.1.4 探月精神

2.1.4.1 内容

探月工程又称嫦娥工程，工程规划为三个大阶段，分别是无人月球探测、载人登月和建立月球基地。

2019年1月11日，中共中央、国务院、中央军委对探月工程嫦娥四号任务圆满成功的贺电中提出探月精神：“追逐梦想、勇于探索、协同攻坚、合作共赢”。同年9月，探月精神与“两弹一星”精神、载人航天精神和北斗精神一起，纳入第一批中国共产党人精神谱系。

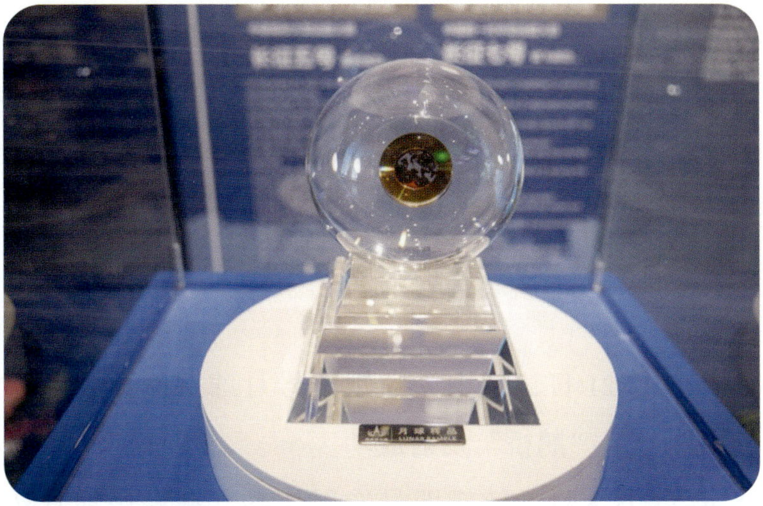

嫦娥五号带回的月壤首次在海南展出

2.1.4.2 渊源

2004年1月23日，中国首次月球探测工程正式立项实施。

2006年2月，《国家中长期科学和技术发展规划纲要（2006—

2020)》明确，将载人航天与探月工程列入国家十六个重大科技专项。

2007 年 10 月 24 日，嫦娥一号发射成功后，经地球调相轨道进入地月转移轨道。实现月球捕获后，在 200 千米圆轨道开展绕月探测。任务期间，8 台科学载荷对月球开展了全局性、普查性的遥感探测，在圆满完成任务后于 2009 年 3 月 1 日进行了受控撞月试验。

2010 年 10 月 1 日，嫦娥二号发射成功后，直接进入地月转移轨道。实现月球捕获后，在月球 100 千米圆轨道，7 种科学载荷开展了多项科学探测，为嫦娥三号任务验证了部分关键技术。2011 年 6 月 9 日，在完成各项探测任务后，嫦娥二号飞离月球轨道，开展了日地拉格朗日 L2 点探测和图塔蒂斯小行星飞越探测等多项拓展试验。

2013 年 12 月 2 日，嫦娥三号发射成功。在完成地月转移、绕月飞行和动力下降后，12 月 14 日 21 点 10 分在月球虹湾预选着陆区安全软着陆。随后，着陆器和巡视器成功进行互拍，并按计划完成了月球巡视探测任务，中国成为世界上第二个实施无人月球巡视探测的国家。

2018 年 5 月 21 日，用来为嫦娥四号月球探测器和地球之间传输数据的中继卫星“鹊桥”发射成功。

2018 年 12 月 8 日，嫦娥四号发射成功。在经历地月转移、近月制动、环月飞行后，实现了人类首次月球背面软着陆。嫦娥四号完成了月球背面就位探测及巡视探测，并通过已在使命轨道的“鹊桥”中继星，实现月球背面与地球之间的中继通信。

嫦娥四号着陆器拍摄的着陆点月面图像

2014 年 10 月 24 日，嫦娥五号再入返回飞行试验器——嫦娥 5-T1 发射成功，作为嫦娥五号技术工程试验的探路星，完成了绕月高速返回地球技术的试验验证等任务，使中国成为继苏联和美国之后，第三个成功实施航天器从月球轨道重返地面的国家。

2020 年 11 月 24 日，长征五号运载火箭在飞行约 2200 秒后，顺利将嫦娥五号送入预定轨道。此后的 23 天内，嫦娥五号完成了一次对接、六次分离，两种方式采样、五次样品转移，经历了 11 个重大阶段和关键步骤。12 月 17 日 1 时 59 分，嫦娥五号返回器携带月球样品在内蒙古四子王旗预定区安全着陆，标志着中国探月工程“绕、落、回”三步走计划如期完成。

嫦娥五号携月壤从月球起飞

2023年，中国开始全面推进探月工程四期。探月工程四期是中国探月工程进入载人登月阶段的首个工程，主要由嫦娥六号、嫦娥七号和嫦娥八号探测器执行任务。嫦娥六号将从月球背面采集更多样品，争取实现2000克的目标。嫦娥七号准备在月球南极着陆，主要任务是展开飞跃探测，争取能找到水。嫦娥八号计划在2028年前后发射，嫦娥七号和嫦娥八号将组成月球南极科研站的基础型，包括月球轨道器、着陆器、月球车、飞跃器以及若干科学探测仪器。

2.1.4.3　释义

（1）追逐梦想

伟大事业需要伟大梦想的引领和支撑。中华民族是勇于追梦的民族，从嫦娥奔月的美丽传说，到万户飞天的壮烈之举，再到今天的探月工程，中国人从未停止过对月球以及太空的探索。在梦想支撑下，中国月球探测的主要倡导者孙家栋，“年过古稀未伏枥，犹向苍穹寄深情”，毅然决然地挑起了中国月球探测一期工程总设计师的重担。正是因为一批批像孙家栋这样的科研工作者对于梦想的不断追逐，从2007年嫦娥一号成功发射，到2020年嫦娥五号探月而归，在月球这片亘古之地，中国探月工程实现了六战六捷的辉煌成就，圆了中华民族千年奔月的伟大梦想。

（2）勇于探索

伟大事业需要以创新为根基，人类要创新发展就要勇于探索。正是因为航天人不断创新探索，才能克服奔月工程的种种困难。嫦娥五号可变推力发动机减速下降、“悬停”和“避障”，利用激光三维成像敏感器拍摄并实时计算出合理降落点等，都是中国航天人之前未曾接触过的技术和问题，而通过航天人不断创新，这些问题都得到了圆满解决。只有勇于探索、勇于创新，才能在航天事业乃至其他领域获得更多的发展权和主动权。

（3）协同攻坚

伟大的事业需要众人参与、齐心协力。探月工程从无到有，面临着诸多技术挑战和未知的技术难题，从论证到研制、从设计到生产、从试验到应用、从发射到运营，建设的每一步都需要各系统、各部门的密切配合、共克时艰。2007年，嫦娥一号实现零窗口发射，成功的背后就是各系统、各部门的共同努力。此外，科研人员的前赴后继、协同攻坚也是极为关键的一环，正是因为孙家栋、栾恩杰、叶培建等老一辈科学家的心系苍穹、志在千里，吴伟仁、杨孟飞等新一代航天骨干专家的继往开来、接续向前，张熇、张玉花等女科学家逐梦奋斗、攻坚克难，才迎来了探月工程一个又一个辉煌业绩。

（4）合作共赢

伟大事业的成功离不开人们的通力合作，而其中国际合作对于探月工程尤为重要，世界文明因交流而进步，科学技术亦是如此。在探月工程中，为了保证嫦娥五号获得尽可能多的覆盖测控范围，中国不仅在喀什、佳木斯建了两个深空站，2017年还与阿根廷合作建立了首个深空探测站，最终三个深空站使测控率达到了90%以上。正是由于各国之间的相互合作，探月工程才能顺利实施并取得圆满成功。

十余年来，探月工程实现了六战六捷，创造了多少奇迹、付出了多少艰辛！“追逐梦想、勇于探索、协同攻坚、合作共赢”的探月精神，是中国航天人在建设航天强国征途上建起的一座精神丰碑，将为我国月球与深空探测事业发展提供精神指引和不竭动力。在奋进新时代的路上，我们要以探月精神逐梦星空，以奋斗姿态破浪前行，助推中华民族伟大复兴早日实现！

探月工程为何如此重要，中国月球探测工程首任首席科学家欧阳自远讲：第一，月球是当代战争的最高制高点，假如在上面建立军事基地，只要1.3秒，就可以摧毁地球表面、地球空间的各种军事设施。第二，月球有丰富的能源，氦-3至少可以供我们使用一万年，月球上太阳能发电板能够修建起来的话，一辈子甚至以后几辈子、几千辈子（人类）都不愁能源了，而且是清洁能源。第三，月亮的环境，你看超高真空，宇宙辐射又很强，白天温度零上100多摄氏度，晚上零下100多摄氏度，日温度变化300多摄氏度，谁受得了，哎，有些产品就想找这么个条件。第四，月球有很多优势，一是在月球上看天文，得天独厚啊；二是可以从月球去火星、去太阳系的其他的地方，月球是我们人类进入深空的跳板。

2.2 观念

观念是思想意识的集中体现，是人们根据社会实践经历逐步形成的对客观事物的基本概括。以此为基础，引导人们对客观世界形成认识、对客观事物产生反应，进而决定人们实践活动的目的和方向。中国航天质量观包括质量工作指导思想、质量理念、质量信条和道德价值观等内容。

2.2.1 指导思想

中国航天从五六十年代的筚路蓝缕到如今的卓越辉煌，虽历经诸般曲折，但始终将“十六字”方针和零缺陷系统工程作为指导思想，为航天质量工作的发展进步奠定了坚实基础。

2.2.1.1 “十六字”方针

1966 年，周恩来总理针对航天型号技术复杂、质量与可靠性要求高的特点，提出了“严肃认真，周到细致，稳妥可靠，万无一失”的“十六字”方针，高度概括了航天事业需要坚持的工作标准、航天人应有的工作作风，直到今天仍在指导着中国航天的质量建设，成为航天人永恒的质量座右铭。

“严肃认真”是航天人应有的工作态度。航天产品研制、生产、试验和运行需要严谨务实、精益求精的工作作风，需要事前严密策划、全过程严格控制和事后全面确认。所有质量问题得到归零、所有疑点得到充分解惑是落实“严肃认真”的具体举措。

“周到细致”是航天人的工作方式。在航天领域的每一个环节，将所有的工作计划到位、落实到位，将所有的可能考虑到位，不留一丝的遗漏和疏忽。对元器件需求规划、评价认定、选用管理、组织采购和质量保证等实施“五统一”管理，对研制、生产、试验和运行过程实施表格管理、量化控制和可追溯性保持，对试验完备性、测试覆盖性和验收充分性等实施严格的审查放行，是“周到细致”的具体方式。

“稳妥可靠”是航天人的工作要求。航天充满了探索性、试验性和高风险，这是由其自身的特点所决定的。通过方案科学选择，工作严谨细致，从而将风险和不确定性降低到可以接受的程度。开展航天任务全过程的系统策划和可靠性设计、分析、研制、试验、实现等活动，特别是故障模式及其影响分析、相关的应急预案及其救援响应，是落实“稳妥可靠”的要求。

“万无一失”是航天人的工作目标。把问题提前想到、把预案提前做到，所有阶段的工作均做到有把握、有信心，不留任何不确定和不托底。“一次成功”“零缺陷管理”和“不带问题转场、不带疑点上天”是航天任务实施中对“万无一失”的体现和落实。周恩来总理曾经讲过：“只要你们把能想到的问题都想到了，能做到的都做到了，能发现的问题都找到了，就是做到了万无一失。如果客观条件不具备，我们还有没认识到的问题，就属于吃一堑长一智的问题。”这是真正科学务实的态度。航天人就是要发挥主观能动性，千方百计认识问题，千方百计暴露问题，千方百计解决问题。

2.2.1.2 零缺陷系统工程

进入 21 世纪，根据国内外航天质量的发展和中国航天的远景规划，对质量管理提出“从源头抓起、全过程受控、零缺陷管理、争取一次成功”的更高要求，经多次完善和发展，形成了零缺陷系统工程，并成为指导新时代航天质量建设的指导思想。

零缺陷系统工程以追求零缺陷为理念，以系统工程为特征，以系统预防为重点，以过程控制为方法，以任务成功为准则，它是航天领域质量管理理论和方法的创新，其主要内容包括以人为本的质量文化、追求卓越的质量管理体系、强化基础的产品保证能力和系统优化的任务实现过程。

以人为本的质量文化。人是一切实践活动中最活跃、最积极的因素，特别是在航天这一高科技领域，人更是决定事业实施和发展的决定性因素。说到底，质量活动实质上是质量管理过程中人的活动。人的心理状态、对质量措施的遵循程度，决定了产品和服务的最终质量水平。因此，零缺陷系统工程首先将人放在质量管控的首位上加以考虑，调动和发扬人在质量活动中的主观能动性。

追求卓越的质量管理系统。中国航天质量管理在成功中萃取精华、在失败中汲取教训，不断创新、发展、完善，精益求精，逐步形成了具有中国特色的、持续追求卓越的航天质量管理系统：总部出政策，军委装备发展部、国防科技工业局下发《关于构建新时代装备建设质量管理体系的意见》；单位抓体系，航天企事业单位抓质量管理体系建设和运行的有效性、充分性；型号抓“大纲”，即型号工程抓航天产品和服务保证工作的统一策划、实施和监控；专业抓基础，即建设一支高素质的质量保证队伍、一套先进的技术手段和一套科学的质量保证方法。建立独立权威的质量监督系统，运用以技术监督为主的多种监督方式，逐步形成技术监督网络，促进自我保证水平的提高。

强化基础的产品保证能力。探索航天产品高质量的本质特征和实现规律，运用系统工程的理论方法，在系统各阶段开展质量策划，强调相关过程、产品、特性和资源的相互协调与整体优化，突出对技术风险的有效识别和控制。有效识别和充分验证产品设计、工艺、过程控制三类关键特性，强化全过程质量控制，持续改进，不断探索开展适用于航天产品特点的产品快速成熟的路径和方法。

系统优化的任务实现过程。任务实施过程中，注重跨系统、跨单位、跨部门、跨专业的相互协同和综合集成。把握航天工程“细节决定成败”的特点，快速聚焦、充分认识影响任务成败的关键细节，充分识别任务实施的关键过程和产生质量问题的深层原因以及薄弱环节，采取量化的方法和工具手段进行优化和改进。

2.2.2 质量理念

航天工程是极具风险性的复杂系统工程，航天技术是极具创新性的尖端技术，质量是航天事业的生命线，任何差错和隐患都有可能酿成巨大损失，造成严重不良的社会和国际影响。中国航天始终坚守“质量是政治，质量是生命，质量是价值”的理念，筑牢保质量就是保安全、保战斗力、保胜利的质量意识，自觉把质量安全放在首位，坚持把工作热情与求真务实相结合、把革命精神和科学态度相结合，确保航天工程成功建造和良好运行。

（1）质量就是政治

航天工程事关国家地位和形象，事关国家安全和祖国统一大业，事关国家经济建设、科技发展和社会进步。特别是载人航天工程、北斗导航工程等重大专项工程，对于提高中华民族的凝聚力和展示中国的综合国力具有十分重大意义，受到党中央和全国人民的高度重视。对于每个参与航天工程建设和运行的单位和个人，质量问题绝不仅仅是技术和管理问题，首先是政治问题，讲质量就是讲政治，提高工程建造和运行的质量就是高度政治责任感的体现。

（2）质量就是生命

航天工程的质量从根上决定着航天企业的生存和发展，影响着未来战争的胜负。对于航天企业，如果研制不出高性能、高可靠的航天产品，便失去了生存的根基，更谈不上持续发展。而航天工程的质量更是直接影响着航天员、解放军指战员以及人民群众生命财产的安全。

（3）质量就是价值

航天事业作为国家高科技、战略性产业，既要追求经济价值和社会效益，更要注重军事价值和战略优势。航天事业的特点决定了只能以质量求价值，追求高质量就是追求高价值。而高成功率、高可靠性的航天事业所创造的形象价值和品牌效应，更是一种弥足珍贵的无形价值，起到巨大的辐射和引领作用。

2.2.3 质量信条

自创业之初，中国航天人在数十年的科研实践中，通过总结、凝练和提高，形成了众多的质量信条和格言。这些信条和格言涵盖航天领域的各个过程和环节，用言简意赅的语句诠释了对质量的理解和认识，以及对卓有成效的质量控制方法的提炼，简单明了、通俗易懂。

质量第一。要把质量工作摆在各项工作的首位，当质量与进度、效益发生冲突时，要确保质量优先。

安全至上。要以确保航天员的生命安全作为载人航天工程质量的首责。

一次成功。狭义上指航天产品和工程达到全系统总成时，首次任务就成功。广义上指在航天产品全寿命周期中，全员应树立一次做对的理念和追求一次做对的目标，不仅强调第一次就把事情做对做好，而且强调每一次都把事情做对做好。

预防为主。航天产品研制生产、航天工程建设运行应从源头抓起，进行系统策划，合理配置资源，采取有效措施，消除质量隐患，防止问题发生。这是实施质量管理最主动、最经济、最有效的方式。

系统管理。航天工程质量是在工程总体的统一管理下，统筹明确工程各级质量职责和风险控制要求，系统管理整个工程质量。

全程管控。质量工作覆盖航天工程全方位和全过程，确保工程研制生产和建造运行的每个环节均质量受控。

全员参与。全员的意识提升、行为自律与习惯养成，是质量工作取得成效的基础。要通过全员动员、全员培训、全员参与，创造人人讲质量、人人为质量、人人抓质量的氛围。

持续改进。要求工程各系统、各单位员工永不满足已有的质量水平，通过持续地学习与创新，不断提高产品和服务的质量水平。

2.2.4 道德价值

在长期的航天工程实践中，中国航天人逐渐确立了“诚实守信，尽职尽责，优质为荣，失利为耻”的质量道德观，形成了“质量创造价值，质量体现素养，质量是组织最宝贵财富”的质量价值观，它们在整合航天队伍思想观念和行为模式、引导航天队伍价值取向和行为指向、助推中国航天新高度方面发挥了重要作用。质量价值观是中国航天人在长期的工作实践中基于对航天事业深刻认识和无私追求所形成的认知、理解、判断和抉择，反映了所从事的事业在其内心的价值认同程度。质量道德观则是中国航天人的道德意识与道德水平的统一体，体现了在对待所从事的事业时秉持的基本准则。同一件事物会激发人们不同的价值取向，就在于不同的人对同一件事物建立了不同的价值观和道德观。树立正确的质量道德观和质量价值观，将对航天人产生巨大的驱动作用，从而对航天质量表现出高度的认真态度和责任意识。

（1）道德观

诚实守信是航天人最基本的质量行为规范。诚实守信就是要努力履行承诺，严禁隐瞒不报、弄虚作假，要以“诚”取“信”于员工、顾客、合作伙伴、上级、国家和社会。

尽职尽责是航天人最基本的质量工作准则，也是航天人对国家和社会负责的最基本道德准则之一。尽职尽责就是要尽心尽力做好本职工作，竭尽全力对所做的工作负责，对员工、顾客、合作伙伴、上级、国家和社会负责。

优质为荣、失利为耻是航天人最基本的质量荣辱观。防范隐患、拒绝不良，眼睛要向内看，要勇于自省和从我做起，从根本上杜绝低水平、重复性质量问题和人为责任事故。

（2）价值观

质量创造价值，即以高质量的航天产品和服务为国家经济建设、国防现代化、科学技术发展和社会进步做出战略性贡献，为国家创造价值，同时也使单位和个人的价值得以体现；以高质量的航天产品和服务满足顾客需求，实现与合作伙伴共赢，使顾客在使用产品或享受服务的过程中实现价值增值；以高素质的员工完成高质量的工作，以高质量的工作保证高质量的航天产品和服务，以高质量的航天产品和服务创造高效益的业绩，以高效益的业绩实现航天人高质量的人生价值。

质量体现素养，即航天人的素养水平：一方面通过高质量的工作绩效展现，并为单位和同事认同；另一方面通过高质量的产品和服务向顾客和社会传递，并最终为顾客和社会认可。

质量是组织最宝贵财富：一是高素质的员工是单位最重要的资源，要着力建立健全更加有利于员工成长和价值提升的机制，努力实现单位价值和员工价值的和谐统一；二是高质量的产品和服务（品牌）是单位最好的名片，能为单位带来巨大的发展机遇和财富；三是高质量的基础设施和运营机制，能极大提升单位效率，创造出卓越成绩。

2.3 原则

原则，决定了中国航天以及航天人以什么样的态度、追求和价值理念投身航天事业。通过归纳提炼我国航天工程质量建设的经验，审视我国航天事业面向未来的发展，可以将新时代航天质量管控和文化坚守的基本原则概括为“成功至上、系统工程、以人为本、追求卓越”。

2.3.1 成功至上

2.3.1.1 内容

“成功至上”强调，中国航天质量管控和文化建设应以技术可达、实现可靠为基本准则，工程进度、成本和资源应服务于“确保成功”。

2.3.1.2 渊源

人类认识和改造自然的任何活动都会有成功和失败，尤其对于航天这种充满高风险和未知领域的事业，更是如此。那么，为什么中国航天会把“保成功”视为一切工作的出发点和归宿？这是因为，当千百万人的命运和整个国家民族的存亡、荣辱、进步与一项事业密切绑定在一起时，必胜的信念和成功的意志往往是扭转乾坤的决定因素，“狭路相逢勇者胜”，中国航天正是在这种狭路相逢中诞生并成长壮大的。

从20世纪五六十年代开始到70年代初，以美国为首的资本主义国家，采取武力威胁、经济封锁等手段，对新诞生的中华人民共和国实施顽固的打压。在中国共产党的领导下，从1956年10月8日我国第一个导弹研究机构——国防部第五研究院成立开始，在短短的14年间，航天人自力更生、发愤图强，研制生产了自己的导弹、原子弹和卫星，实现了“两弹一星”发射成功，在强敌环伺下，一举奠定了中华民族的大国地位。自那时起，航天人理解了成功与国家发展、民族荣辱之间的深度关联关系。

进入20世纪90年代，东欧剧变、苏联解体，两个超级大国主宰世界的时代告一段落，和平与发展成为世界主题。在这个时期，中国航天陷入了低谷。因为人心惶惶与躁动，工作上的不严不实、不慎不细，给研制、生产和试验造成一系列挫折，甚至给国家造成了巨大损失，更主要的是，国内国外对中国航天历经艰辛建立的良好形象产生了严重质疑。这使得航天人对“成功至上”的原则有了刻骨铭心的认识，体会到了切肤之痛。

2011年，天宫一号和神舟八号完成了准确轨道进入、精准交会对接、稳定组合运行、安全撤离返回等一列航天奇迹。2012年6月11日，《人民日报》发表题为《把成功作为信仰》的文章，凝练出了把成功作为信仰的四大条件：把成功作为信仰需要经历困难与挫折的磨炼、需要优秀精神文化的传承、需要掌握科学的方法、需要善战的人才团队支撑。文章指出，正是经历了从失败走向成功的艰难曲折的发展历程，航天人养成了对成功的信仰。

而今，天宫空间站安全运行，探月工程第一步顺利收官，“北斗”三号卫星导航系统全面开通，“祝融号”火星车稳定工作，2030年左右将实现载人登月，中国航天正以良好的质量形象不断刷新中国高度和中国速度，以“追星赶月莫停留，平芜尽处是春山”的姿态向航天强国迈进，诠释着“成功至上”这一原则的重大价值和现实意义。

2.3.1.3 释义

就现实而言，很少有哪个行业像航天那样渴望和追求成功，倾尽全力保证成功。

航天工程普遍具有高投入的特点，最基础的装机元器件质量等级必须达到宇航级，与大批量生产和应用的民用工业级器件相比，制造、试验、筛选和老化等成本成倍增加。严格的环境试验和可靠性试验从电路板开始，要无一遗漏地覆盖设备、分系统和系统级，而通常运载火箭和卫星从生产准备到出厂需要 2 至 3 年，这期间投入的仅用于检验和测试的时间、人工、经济成本就是天文数字。因此，航天产品无论是研发还是生产过程，都是非常复杂和长周期的，耗费资金动辄几亿到十几亿，研发周期以年计。例如我国北斗卫星导航系统，从 2000 年 10 月 31 日北斗一号首颗卫星发射，直到 2020 年 7 月 31 日全球卫星导航系统正式开通，先后共发射 59 颗卫星，建设周期历时 20 年，无论是经济投入还是时间投入都非常巨大。

航天工程普遍具有高风险性。目前，国际上航天发射成功率基本保持在95%左右，平均每20次发射就有1次失败。随着航天事业发展不断推进，必将不断触及太空探索中潜藏的诸多未知领域，对这些未知领域的触及，充满着对认知的颠覆、对技术的创新、对能力的突破。可以说，航天就是一个不断突破人类认知局限的事业和领域。

高昂的成本投入、巨大的国际国内影响力，使每次航天任务在确定工程目标后，毫无例外地将确保成功作为技术和管理方案选择的首要原则。对于航天任务，成本、进度和资源等约束只有在成功后才有意义，效益、荣誉和相关方利益只有在成功后才能变现，因此，成功至上是准备、实施和完成航天任务的首要原则。成功至上的原则还体现在航天任务的一切分目标皆为“确保成功”这一总目标服务，在进行进度、质量、经费和技术指标权衡时，最基本的准则是一切服从质量。为了质量，经费必须得到保证；为了质量，进度可以调整；为了质量，技术指标可以再优化。

航天任务成功包含技术指标“可达”和具体实现“可靠”两个核心内容。技术指标“可达”是指航天任务在方案设计时，实现功能要求的各项技术指标必须是在现有技术和工艺水平下可以实际达到。具体实现“可靠”是指航天任务在实施过程中，通过质量控制、风险管理等措施，可以达到预期的质量目标。因此，航天任务要求在设计阶段将质量设计进去，在实施阶段将质量建造出来。

航天任务质量工作应与任务本身同步进行、超前管理，从确定质量目标、明确质量要求、明示质量责任、标定质量节点、强化质量保证、研究管理方法等一系列工作入手，将看起来零散的、无序的、随机的质量工作设计成系统的、连续的、有计划的工程，并且按照“计划—实施—检查—改进”原理（Plan-Do-Check-Act，PDCA）建立闭环回路，并在实际运行中依据客观情况变化适时调整、持续改进，确保质量工作与任务的实际状况高度契合。

2.3.2 系统工程

2.3.2.1 内容

钱学森将系统工程的思想总结为顶层设计、科学管理、自主创新、全国协同、综合集成。中国航天质量建设必须坚持系统工程方法，秉承工程整体最优、创新融合发展和适应客观环境的原则。系统工程的核心思想在于，基于系统是由相互作用、相互依赖的多个部分组合成的具有特定功能的有机整体，在工程实施中充分重视关键部分的同时，必须具备全局观念。

2.3.2.2 渊源

航天工程是复杂的大系统，具有体系庞大、技术密集、风险性高、研制建造周期长等特点，与其他简单工程的建造与运行有着根本的区别。这些特点要求实施航天工程时必须建立系统化的组织管理机制，用复杂系统的思想、技术和方法进行研究、开发与运行。

中国航天事业起步阶段，首先遇到的不仅仅是技术问题，也有组织管理问题。成千上万的研制人员、数量众多的协同单位、难以计数的生产设备等各方面的组织协调，需要建立一种“组织管理系统的规划、研究、设计、制造、试验和使用的科学方法”，这就是航天系统工程。这种高效、有序的系统科学方法，是航天工程顺利实施的前提和基础。

中国航天系统工程是中国特定历史时期和特定社会、经济、技术条件下产生发展起来的。首先，系统工程的思想是世界的，必须与社会现实的背景相结合。中国的社会制度和现实状况与西方国家不同，当时的计划经济体制和军工体制，为中国航天系统工程体系和方法的起步与发展从经济和政治层面提供了条件。其次，中国航天事业创建时薄弱的经济、技术和人才背景，决定了中国航天系统工程不能照搬国外已经成熟的经验。社会特性、国家状况和当时的政治形势决定了中国航天系统工程必须走自己的路。中国航天工程管理需要采取特殊的组织形式，通过高效的行政协调和管理，用尽可能少的投入，在尽可能短的时间内取得尽可能多的成果，这也决定了中国航天系统工程的特色。

1978 年 9 月 27 日，钱学森的一篇理论文章——《组织管理的技术：系统工程》问世，由此创立了系统工程中国学派，以其独特的历史逻辑、独到的时空逻辑、独创的理论逻辑、独有的价值逻辑，在中国航天乃至各行各业引发了思维和方法的革命，爆发出旺盛的生命力，进而发挥着不可替代的作用。

中国航天系统工程是中国系统工程最早经过实践检验的有效方法体系，取得的经验也最为丰富和完善，培养的实践人才也最多。它提炼出的经验和方法是中国其他系统工程专业，如军事系统工程、环境系统工程等的发展基础。它不仅对国家科学技术工作，而且对中国社会主义建设中涉及的大型工程提供了有效的指导，如三峡工程和中国铁路网络工程等都广泛应用了系统工程这一技术，取得了丰硕的成果。同时，其他系统工程的发展也促进了航天系统工程的进一步发展和完善。

2.3.2.3 释义

（1）工程整体最优

航天系统工程中的各要素以一定的方式构成有机整体，整体性是表现更为突出的基本属性。在考虑一项系统工程时，把它视为一个系统，并从系统整体出发去研究各个组成部分，不是把研究重点放在单个要素的功能上，而是放在系统各要素之间的关系上，着眼整体大于部分，以实现总体优化，从而实现系统的预定目标。

航天系统工程整体优化在于实现技术性能指标、费用成本和研制周期三者之间的匹配统一与最优。一是要用最短的研制周期、最少的研制费用得到技术性能最优的产品，忽视研制周期和费用成本的观点与做法都是与系统工程整体优化的理念相背离的；二是技术性能与产品生命周期、费用成本的匹配优化，即产品成本低，生命周期长，维护费用经济，使用操作方便，总体技术性能好。

（2）融合创新发展

世间一切事物都在不断地运动、演化、发展。航天系统工程肇始于导弹武器系统研制，运用系统工程方法开展技术活动和组织管理，早在20世纪70年代中期就已初步成型。

20世纪70年代末，随着贯彻军民结合方针和深化改革开放，航天系统在确保完成军品任务的前提下，大力开发民品。产品结构、管理体制、运行机制和调控手段都发生了新的变化，航天系统工程也得到进一步发展。

20世纪80年代以来，在中国市场经济建设中，航天系统开始重视工程项目的效益问题，开展研制经费模型研究、成本模型研究、效益分析和航天技术经济研究，为中国航天系统工程实施的系统分析、设计、建模以及系统评价注入了更为深刻的内容和有效方法。

20 世纪 90 年代以来，开展可持续发展的战略规划研究，制定行为规范，落实岗位责任制，推行“三化”（系列化、通用化、组合化）改革，等等。这些活动不断丰富中国航天系统工程的内容，推动航天质量文化的不断发展。

（3）适应客观环境

航天工程存在于一个特定的环境之中，不断与外部环境产生物质、能量和信息交换。受环境的影响与制约，这里可以把环境理解为更高一级的系统。

航天工程的外部环境包括国内外政治环境、军事环境、经济环境和社会环境，也包括自然环境、生态环境和科技环境等。外部环境的变化必然会引发来自系统内部的响应，也就必须通过对系统内各要素的调整去适应环境的变化，以实现适应、生存和发展。

航天系统工程在发展历程中表现出较强的环境适应性。在每个阶段、每一项航天工程的设计、计划和管理活动中，面对环境因素的变化，拟制了多种可能的应变方案。在航天工程的技术途径选择、技术方案设计、计划周期和管理措施的制订中，都需要深入考虑应对环境变化的各种方案，而且在评价系统工程设计水平和系统功能时，环境适应性也应作为一项重要的评价内容。

2.3.3 以人为本

2.3.3.1 内容

文化的功能在于教化人、改造人、培育人、塑造人，因此，新时代航天特色质量文化建设必须坚持以人为本。人始终是文化形态中最活跃最积极的因素。以人为本以激发人的主观能动性为着眼点，充分运用各种激励方式、调动各方力量、压实各方责任，激发全员参与航天质量文化建设热忱，以助推中国航天实现高质量发展。

2.3.3.2 渊源

毛泽东曾豪迈地说："世间一切事物中，人是第一个可宝贵的。在共产党的领导下，只要有了人，什么人间奇迹也可以造出来。"抓住了人，就抓住了事物发展的主要矛盾。对于中国航天来说，人，就是塑造中国航天集体人格最底层的一块块基石。

钱学森对中国航天事业从 1956 年起到未来 12 年间发展所需的高、中、低级各类人才需求，按年做出了较为详细的规划，突出了人在发展航天事业中的核心作用。这既是航天人才建设的奠基之作，同时也成为中国航天人才队伍建设的第一个顶层设计蓝图。此后，中国航天事业汇聚和培养了一批享誉世界的科学家，大量技能精湛的工程师和工人，开创了"两弹一星"的光辉业绩。

20 世纪 70 年代中后期，邓小平指示要给航天战线职工建立"三线地区津贴"。时任财政部部长向邓小平反映，三线军工不只航天一个系统，涉及众多军工单位，只给航天系统建立"三线地区津贴"会引起不平衡。邓小平讲："你有那么多钱吗？如果有钱就发，如果没有那么多钱，就只能保航天。"这充分体现了国家对航天人才队伍的高度重视和对航天在国家政治经济生活中战略地位的清醒认识。

1992 年，载人航天工程开始上马，面对人才队伍年龄偏大的情势，中国航天领域毅然拉开了技术干部队伍年轻化的序幕。载人航天工程、北斗工程和探月工程等，在各个专业领域和关键岗位大胆启用年轻人，通过国家重大工程项目的实际锻炼，航天系统成功地培养出一大批年轻有为、经受各种复杂技术工程考验的专业人才，圆满完成了科研技术队伍新老交替，航天事业进入跨越式发展的新阶段。2003 年 10 月 15 日，中国第一艘载人飞船成功发射并安全返回地面后，钱学森高兴地说，载人飞船试验的圆满成功标志着我国第一代航天人与第二代航天人交接班平稳顺利完成。

航天事业辉煌的业绩，与拥有一支政治素质强、业务技术精、作风纪律硬、创新胆气高的一流人才队伍密不可分。在 60 多年的航天历程中，中国航天始终坚持靠事业凝聚人才、靠实践造就人才、靠机制激励人才、靠文化塑造人才，把人才工作融入航天发展战略之中，把创新人才工作机制与航天事业发展有机结合起来，运用科学方法引进人才、使用人才、培养人才，把既有资源转化为发展资源，人才优势转化为发展优势，队伍活力转化为发展活力，走出了一条独具特色的成功的发展建设之路。

美国国家航空航天局前局长米切尔·格里芬（Michael Griffin）曾经发出这样的感慨：中国航天最令人感到害怕的，不是它取得的像载人航天工程这样的巨大成就，而在于它所拥有一大批年轻科学家和工程师。实质上，一大批年轻科学家和工程师固然是中国航天最可宝贵的财富，但更重要的是，这些年轻科学家和工程师们强烈的舍弃自我、报效国家、追求高远的精神和情怀，才是构筑中国航天宏伟丰碑最基础的磐石。

2.3.3.3 释义

人是提升航天产品和服务质量的决定因素，以人为本是航天质量文化建设的本质和核心，包括领导推动、全员质量和重视学习培训等内容。

领导推动。航天质量的工程实践证明，各级领导是质量成功的关键之一。尤其是党政"一把手"必须充分认识航天质量文化建设的紧迫性、重要性和长期性，思想上高度重视并自觉积极地成为航天质量文化建设的倡导者、组织者和推动者。同时，在科研生产工作中，为航天质量文化建设提供必要的人力、物力、财力保障，各级党政工团组织齐心协力、明确职责、密切配合，为航天质量文化建设保驾护航。

全员质量。当今世界航天科技发展迅猛，国际竞争十分激烈，为加快中国航天强国建设，在国际航天始终占有一席之地，加强全员质量文化建设，保证全员参与质量保证就具有了更为重要和特殊的意义。以人为本，全面深入开展质量文化建设，进一步加大质量文化融入全员特别是基层员工的深度，让全体员工置身于航天质量文化发展的浓厚氛围中，增强员工的凝聚力、创造力，逐步培育具有新时代特征和航天特色的质量文化，使质量文化真正成为全员的内在素养，以高素质人才队伍积聚发展潜力，实现航天事业快速可持续发展。

重视学习培训。质量文化必须是学习文化。首先，倡导全员学习，让学习成为生活习惯和终生需求，把每个航天单位建设成学习型组织，让全体员工置身并融入知识共享的学习氛围中，以不断提升员工知识水平和技能水平。其次，应该把员工培训作为一项重要工作抓牢抓实，积极为员工培训创造条件，创新体制机制，为员工搭建成长平台，努力实现单位价值和员工价值的和谐统一。

2.3.4 追求卓越

2.3.4.1 内容

追求卓越强调自主创新，表现为不满足自身已经取得的成就、不甘落后世界一流的现实，以及“不突破不行”“非创新不可”的强烈的精神追求。

2.3.4.2 渊源

1956年3月4日，中国成立国防航空工业委员会，下设第五局——火箭导弹局；10月8日，成立国防部第五研究院，研制火箭导弹。

1960年7月16日，苏联照会中国政府，毁约断援。8月撤回全部专家，带走全部资料。那是新中国成立以来最艰苦卓绝的时期，我国的导弹原子弹研制处于危难之中。与此同时，全国在经济建设中开展以实现工农业生产最高指标为目标的群众性运动——“大跃进”失败，探索建设社会主义的道路遭遇重大挫折，加之“三年灾荒”、西方封锁、苏联变脸，中国经济建设和“两弹一星”研制在极其艰难的境况下失去获得任何外援的可能性，进入了完全自力更生的时代。

1960年11月5日、12月6日、12月16日，完全由中国生产的东风一号火箭3次发射成功。

1964年6月29日，中国自主设计的东风二号导弹靶场试飞成功；10月16日，中国在西部地区爆炸了一颗原子弹。

1966年10月27日，用东风二号甲导弹运载原子弹靶爆成功。

1967年6月17日，中国自行设计的氢弹爆炸成功。

1970年4月24日，使用长征一号运载火箭发射人造卫星成功。

1980年5月18日，东风五号洲际导弹向南太平洋发射成功，射程9000公里。

1982年10月12日，潜艇水下发射运载火箭试验成功。

我们不排斥外援，但却绝不依赖外援。在西方封锁、苏联断援、国内一穷二白的情势下，航天人完全、彻底地依靠自己——在最艰难的情况下把事情做到最好——只用了25年就完成了“两弹一星”的战略任务，突破了一系列尖端高技术，建立了现代国防战略产业，从根本上扭转了国家的安全环境，提升了中国在国际上的地位，一扫国人百年悲啸的心态，树立了自立于世界民族之林的自信。

数代航天科学家、工程师和职工们，世代相接，天年相续，继承前志，不断把中国航天事业推向高峰。而今，我国年航天发射次数已位居世界前列，天宫空间站遨游太空，北斗三号服务全球，嫦娥探月、祝融旅火令世界惊叹，中国航天即将迈入世界航天强国之列，这一切与中国航天始终紧盯航天技术发展前沿，坚持自主创新、追求卓越的根本原则密不可分。

2.3.4.3 释义

自主创新、追求卓越，是指航天人为了尽快发展我国航天事业，为了赶超世界航天技术先进水平，自觉学习应用国内外一切新知识、新技术、新工艺、新材料和新管理经验，并在此基础上，大胆改革创新，不断提升航天产品和服务质量。这种自主创新、追求卓越的赶超意识和行为，是在爱国强军思想指导下产生的必然结果，是不断瞄准更高目标、建设世界一流航天强国的生动体现，是中国航天事业发展的内在驱动力。

“志之所趋，无远弗届，穷山距海，不能限也。”一部人类文明史，就是一部发愤图强、不断创新、不断进步的历史。敢于和善于创新是一个民族进步的灵魂，是一个国家兴旺发达的不竭动力。在国防尖端技术领域，从来不会有无私的援助，只有把基点放在依靠自己的力量上，走自己的发展道路，才会紧紧抓住自己命运的主动权，才不会受制于人。因此，无论在过去、现在还是将来，自主创新、追求卓越始终是中国航天的传家宝。坚持自主创新、追求卓越的方针，增强国家和民族的创新能力，始终是中国航天紧握在手的法宝、与别人竞争的本钱和平等对话的依仗，是寻求与开展国际合作不卑不亢的基础，是打破垄断、迈入航天强国和实现中华民族航天梦的先决条件。

进入21世纪以来，世界科学技术进步日新月异，世界航天技术逐渐打破了少数几个国家垄断的局面。如今，很多国家倾力研究生产运载火箭、导弹和卫星，更多的国家已广泛应用航天技术，取得了日益增长的经济效益，激发了太空探索的热情，对社会、经济、政治产生重大影响。同时，太空也成了世界军事竞争的战略制高点和军事革命的核心领域。因此，作为铸国重器的中国航天，自然、自觉地将追求卓越、永创一流作为一切工作的基本原则。

2.4 新征程

中国航天所取得的成就无疑是彪炳史册的，但“宜将剩勇追穷寇，不可沽名学霸王”，中国航天不可能永远躺在过去的功劳铺上沾沾自喜，更不可能故步自封、裹足不前。“逆水行舟用力撑，一篙松劲退千寻。”当下，世界航天领域的基本态势是：慢进既是退步！只有不断进取、不断超越自我，从跟跑转变为领跑，才是制胜之本。中国航天新的征程，已经开启！

2.4.1 发展宗旨

探索外层空间，扩展对地球和宇宙的认识。和平利用外层空间，维护外层空间安全，在外空领域推动构建人类命运共同体，造福全人类。满足经济建设、科技发展、国家安全和社会进步等方面的需求，提高全民科学文化素质，维护国家权益，增强综合国力。

2.4.2 发展愿景

全面建成航天强国，持续提升科学认知太空能力、高效利用太空能力、有效治理太空能力，成为国家安全的维护者、科技自立自强的引领者、经济社会高质量发展的推动者、外空科学治理的倡导者和人类文明发展的开拓者，为建设社会主义现代化强国、推动人类和平与发展的崇高事业做出积极贡献。

2.4.3 发展原则

中国发展航天事业服从和服务于国家整体发展战略，坚持创新引领、协同高效、和平发展和合作共享的原则，推动航天高质量发展。

创新引领。坚持创新在航天事业发展中的核心地位，增强航天领域国家战略科技力量，实施航天重大科技工程，强化原创引领科技创新，持续优化创新生态，加快产业化进程，不断提升航天自主发展能力和安全发展能力。

协同高效。坚持系统观念，更好发挥新型举国体制优势，引领各方力量有序参与航天发展，科学统筹部署航天活动，强化空间技术对空间科学、空间应用的牵引作用，培育壮大新模式新业态，提升航天发展的质量效益和整体效能。

和平发展。坚持和平利用外层空间，反对外空武器化、战场化和外空军备竞赛，合理开发和利用空间资源，切实保护空间环境，维护一个和平、清洁的外层空间，使航天活动造福全人类。

合作共享。坚持独立自主与开放合作相结合，深化高水平国际交流与合作，拓展航天技术和产品全球公共服务，积极参与解决人类面临的重大挑战，助力联合国 2030 年可持续发展议程目标实现。

2.4.4 发展目标

未来，中国航天将立足新发展阶段、贯彻新发展理念、构建新发展格局，按照高质量发展要求，推动空间科学、空间技术、空间应用全面发展，开启建设航天强国新征程，为服务国家发展大局，在外空领域推动构建人类命运共同体，为促进人类文明进步做出更大贡献。

2.4.4.1 技术突破

空间运输系统。推动运载火箭型谱发展，研制发射新一代载人运载火箭和大推力固体运载火箭，加快推动重型运载火箭工程研制。持续开展重复使用航天运输系统关键技术攻关和演示验证。面向航班化发展需求，发展新型火箭发动机、组合动力、上面级等技术，拓展多样化便利进出空间的能力。

卫星遥感系统。持续完善国家空间基础设施，推动遥感、通信、导航卫星融合技术发展，加快提升泛在通联、精准时空、全维感知的空间信息服务能力。研制静止轨道微波探测、新一代海洋水色监测、陆地生态系统碳监测、大气环境监测等卫星，发展双天线 X 波段干涉合成孔径雷达、陆地水资源监测等卫星技术，形成高效的全球对地观测和数据获取能力。推动构建高低轨道协同的卫星通信系统，开展新型通信卫星技术验证与商业应用，建设第二代数据中继卫星系统。开展下一代北斗卫星导航系统导航通信融合、低轨增强等深化研究和技术攻关，推动构建更加泛在、更加融合、更加智能的综合定位导航授时体系，持续完善卫星遥感、通信、导航地面系统。

载人航天。打造国家太空实验室，开展航天员长期驻留、大规模空间科学实验、空间站平台维护等工作。组织开展载人登月关键技术攻关，研制新一代载人飞船，夯实载人探索开发地月空间基础，2030年前实现中国人首次登陆月球。

深空探测。继续实施月球探测工程，完成月球极区采样返回，月球极区高精度着陆和阴影区飞跃探索，与相关国家、国际组织和国际合作伙伴共同开展国际月球科研站建设。继续实施行星探测工程，完成近地小行星采样和主带彗星探测，完成火星采样返回、木星系探测，论证太阳系边际探测等实施方案。

发射场与测控。统筹开展发射场通用化、集约化、智能化建设，增强发射场系统适应性和可靠性，提升高密度、多样化发射任务支撑能力。建设商业发射工位和商业航天发射场，满足各类商业发射需求。持续完善现有航天测控系统，优化组织模式，创新测控技术和手段，强化天地基测控资源融合运用能力，推动构建全域覆盖、泛在互联的航天测控体系，统筹实施国家太空系统运行管理，提高管理和使用效益。构建深空测控通信网，保障月球、火星等深空探测任务实施。

新技术试验。面向新技术工程化应用，开展航天器智能自动化管理、空间扩展飞行器、新型空间动力、航天器在轨服务与维护、空间碎片清理等新技术验证，以及航天领域新材料、新器件、新工艺在轨试验验证，提升技术成熟度和工程应用能力。

空间环境治理。加强太空交通管制，建设完善空间碎片监测设施体系、编目数据库和预警服务系统，统筹做好航天器在轨维护、碰撞规避控制、空间碎片减缓等工作，确保太空系统安全、稳定、有序运行。全面加强防护力量建设，提高容灾备份、抗毁生存、信息防护能力，维护国家太空活动、资产和其他利益的安全。论证建设近地小天体防御系统，提升监测、编目、预警和应对处置能力。建设天地结合的空间天气监测系统，持续完善业务保障体系，有效应对灾害性空间天气事件。

2.4.4.2 科学创新

科学探索。围绕极端宇宙、时空涟漪、日地全景、宜居行星等科学主题，研制空间引力波探测卫星、爱因斯坦探针、先进天基太阳天文台、太阳风－磁层相互作用全景成像卫星、高精度地磁场测量卫星等，持续开展空间天文、日球物理、月球与行星科学、空间地球科学、空间基础物理等领域的前瞻探索和基础研究，催生更多原创性科学成果。

科学实验。利用空间站、“嫦娥”系列探测器、“天问一号”探测器等空间平台，开展空间环境下生物、生命、医学、材料等方面的实验和研究，持续深化人类对基础科学的认知。

2.4.4.3 航天治理

中国政府积极制定发展航天事业的政策与措施，科学部署各项航天活动，充分发挥有效市场和有为政府作用，营造良好发展环境，推动航天事业高质量发展，重点是：

——持续提升航天创新能力；

——强化航天工业基础能力；

——加快发展空间应用产业；

——鼓励引导商业航天发展；

——积极推进法治航天建设；

——建设高水平航天人才队伍；

——大力开展航天科普教育和文化建设。

2.4.4.4 国际合作

中国倡导世界各国一起推动构建人类命运共同体，坚持在平等互利、和平利用、包容发展的基础上，以更加积极的姿态，拓展双边、多边合作机制，在以下重点领域深入开展航天国际交流合作：

——外空全球治理；

——载人航天；

——全球导航；

——深空探测；

——空间技术；

——空间应用；

——空间科学；

——人才与学术交流。

参考文献

［1］《中国航天文化的发展与创新》编委会. 中国航天文化的发展与创新［M］. 北京：北京大学出版社，2016.

［2］《中国航天事业发展的哲学思想》编委会. 中国航天事业发展的哲学思想（第二版）［M］. 北京：北京大学出版社，2016.

［3］李洪. 把成功作为信仰——航天工程质量管理［M］. 北京：首都经济贸易大学出版社，2019.

［4］承文. 一次成功与系统预防——中国航天工业质量管理要略［M］. 北京：中国宇航出版社，2019.

［5］杨多和. 航天工程任务保证——现代全面质量管理发展的新趋势［M］. 北京：中国宇航出版社，2022.

［6］师宏耕，贾成武，鲍智文. 航天精细化管理［M］. 北京：中国宇航出版社，2020.

［7］《型号质量管理》编写组. 型号质量管理［M］. 北京：中国宇航出版社，2017.

［8］杨孟飞. 航天企业质量管理成熟度模型［M］. 北京：中国宇航出版社，2012.

［9］李跃生，贾纯锋，孙薇，等. 航天质量管理体系创新发展［M］. 北京：国防工业出版社，2020.

［10］陶家渠. 系统工程原理与实践［M］. 北京：中国宇航出版社，2020.

［11］Alexander Kossiakoff，William N Sweet，Samuel J Seymour，等. 系统工程原理与实践［M］. 王英勋，蔡志浩，赵江，译. 北京：北京航空航天大学出版社，2021.

［12］董学军，路建功，薛辉，等. 航天运输工程——策划·设计·实施［M］. 北京：中国宇航出版社，2023.

［13］黄志澄. 美国商业航天发展的经验教训［J］. 国际太空，2019（1）：36-41.

［14］中国航天科技集团公司. 航天质量管理基础［M］. 北京：中国宇航出版社，2017.

［15］Laura Sebastian-Coleman. 穿越数据的迷宫［M］. 汪广盛，等，译. 北京：机械工业出版社，2022.

［16］史蒂文·L.布伦顿，J.内森·库茨. 数据驱动的科学和工程［M］. 王占山，施展，刘莹莹，译. 北京：机械工业出版社，2021.

［17］乐黛云. 多元文化中的中国思想：21世纪跨文化流通十六讲［M］. 北京：中华书局，2015.

［18］Alan Macfarlane. 文明的观察［M］. 喻棣，译. 北京：中国科学技术出版社，2022.

［19］伯纳德·W.泰勒. 数据、模型与决策（第12版）［M］. 侯文华，杨静蕾，译. 北

京：中国人民大学出版社，2019.
[20] 曹梦，蓝天翼. 对我国商业航天发射服务的思考和建议［J］. 卫星应用，2019（2）：17-19.
[21] 网站：www. gov. cn（《2021中国的航天》白皮书）
[22] 网站：www. people. com. cn（百年历程中的伟大精神）
[23] 网站：www. nasa. gov（美国国家航空航天局 National Aeronautics and Space Administration）.
[24] 网站：www. federalspace. ru（俄罗斯联邦航天局 Russian Federal Space Agency）.
[25] 网站：www. esa. int（欧洲空间局 European Space Agency）.

第3章 航天质量制度文化

制度是从程序的层面规范了小至一个团体，大至一个社会乃至一个国家的集体行为，对程序的建立有重要的导向作用，表明其中的个体和组织什么不能做，什么可以做以及怎么做。本章依据航天质量制度的法规效力，从法律法规、规范标准和规章标准三个角度，讨论航天质量制度文化的内容。

从质量法律法规、规范标准、规章标准，再到配套的质量管理办法和标准，构成了中国航天质量完整的制度体系。质量制度体系为航天质量管理从“人治”转变到“法制”，从“经验管理”转变到“科学管理”奠定了坚实基础，为实施全寿命质量管理提供了系统规范的科学依据和方法。

3.1 法律法规

在航天质量制度体系中，质量法律法规泛指由全国人大及其常委会、国务院、中央军委、国务院有关部（委）、军委各部（委）按照法定程序制定的、在全国或全军范围内适用的有关航天产品和服务质量方面的法律、法规和规章。

3.1.1 历史沿革

从20世纪50年代开始，军工产品普遍推行质量检验制度，保障了军工产品从修理向仿制的顺利过渡。实践证明，质量检验是生产活动的客观需要，是保证产品质量不容忽视的重要环节。但是，这种以产品检验为主的质量管理也存在一定局限性，其突出表现是：往往发现问题时已成既定事实，损失无法挽回。特别是在武器装备研制生产日益向现代化大协作方向发展的背景下，任何一个环节出现问题，都可能导致严重的质量问题，甚至造成重大事故。航天产品的特殊性决定了这种传统的质量管理模式，已不能适应现代武器装备研制生产的客观需要。

20世纪80年代初，我国军工产品生产经过整顿后，质量管理有所恢复，但产品实际质量状况仍不稳定，质量事故时有发生。为加强军工产品全面质量管理，1983年年初，国防科工委启动质量管理立法工作，在深入调研分析国内外经验做法的基础上，组织起草了《军工产品质量控制暂行条例》，应用全面质量管理的原理和方法，系统总结之前军工产品质量管理的经验教训，借鉴美国军工产品质量管理制度和有关标准要求，推动质量管理从事后把关为主向过程控制为主转变，实现了预防与把关相结合的质量管控模式，使我国军工产品质量管理由经验管理向科学管理迈出了一大步。通过全面贯彻实施条例，国防科技工业基本上消除了管理混乱、质量失控的现象，改变了产品质量不稳定的状况，军工产品质量管理工作有了明显改观。

1986年年底，国防科工委积极适应武器装备发展从仿制为主向自主设计研制为主转变的新形势，开始全面总结《军工产品质量控制暂行条例》的贯彻执行情况，并启动相关修订工作。1987年6月，颁布《军工产品质量管理条例》，确立"一次成功、系统管理、预防为主、实行法治"的指导思想，提出建立质量保证体系的要求，明确质量奖励与法律责任，规定可靠性保证、分级分阶段评审、技术状态管理等一系列要求，强化研制过程的质量控制要求，实现了质量管理范围从生产阶段向设计阶段扩展，以问题管理为主向以过程控制为主转变，从局部过程控制向全过程控制过渡，对于进一步提高武器装备质量管理水平发挥了重要作用。

进入21世纪，武器装备现代化建设对质量管理工作提出了一系列新要求，亟待出台与之相适应的顶层法规。2003年，为适应国家武器装备管理体制的变化，更好地指导国防科技工业系统全面贯彻落实武器装备质量管理要求，总装备部与国防科工委共同组织开展了《武器装备质量管理条例》（以下简称《条例》）的起草工作，并于2010年9月30日由国务院、中央军委正式颁布，自2010年11月1日起施行。《条例》系统总结武器装备质量管理工作的历史经验，吸收借鉴世界先进质量管理理念和方法，紧密结合武器装备建设实际，以加强武器装备质量管理、提高武器装备质量水平为目标，以武器装备质量特性的确定、形成、保持和恢复过程为主线，规定武器装备论证、研制、生产、试验和维修等各阶段的质量管理任务和要求，明确武器装备质量管理的各级责任主体，规范政府、军队、企业各方的质量管理职责、任务要求和法律责任，体现了武器装备质量管理“全特性、全系统、全寿命、全方位”和“科学化、法治化”的特点，是武器装备质量建设法治化进程的重要里程碑。

为了加强装备全系统全寿命通用质量特性管理工作，依据《军队装备条例》和《武器装备质量管理条例》制定了《装备通用质量特性管理工作规定》(以下简称《规定》)，并于2014年4月25日由总装备部办公会审议通过，自2014年5月8日起实施。《规定》中明确，装备通用质量特性管理工作的基本任务是，合理确定装备通用质量特性要求，监督控制装备全寿命各阶段通用质量特性工作，提高装备战备完好性、任务持续性和装备完好率，降低保障资源需求和装备寿命周期费用。《规定》重点从装备科研、装备购置、装备使用与保障等通用质量特性管理工作进行了规范。对于装备科研，从装备研制立项综合论证、装备工程研制、装备设计定型、装备生产定型等四个阶段，明确了应组织开展的通用质量特性管理工作。对于装备购置，从装备购置合同订立与履行等两个阶段，明确了应组织开展的通用质量特性管理工作，并明确了引进装备应根据实际情况组织开展哪些工作。对于装备使用与保障，从装备首批列编交付部队后、装备批量部署部队后两个阶段，明确了应当组织开展哪些质量特性管理工作。

2015 年 5 月，总装备部会同国防科工局，向全军装备质量工作会议提交了“一个措施要求、两个暂行办法和一个整治方案”，作为推进实施装备质量综合提升工程的重要支撑。其中，“一个措施要求”就是《关于加强装备质量工作的若干措施要求》，力求全面构建覆盖装备全系统全寿命各个环节的质量工作体系，明确各项要求；“两个暂行办法”就是《装备质量责任追究暂行办法》和《装备质量综合激励暂行办法》，提出了“岗位有责、各负其责、铁腕问责”的总体原则，力求通过反向倒逼和正向激励，全面落实装备质量责任制。“一个整治方案”就是《现役主要装备质量问题专项整治方案》，力求通过此项工作，集中整治解决部队现役装备主要质量问题。装备质量综合提升工程的主要任务：构建工作体系，落实质量责任，整治质量问题，规范全寿命质量管理要求。

2020 年 5 月，军委装备发展部、国防科技工业局下发《关于构建新时代装备建设质量管理体系的意见》，提出了构建新时代装备建设质量管理体系的总体要求、重点任务、持续改进措施和保障措施，启动了体系建设工作。2021 年，军委装备发展部和国防科技工业局联合发布《关于印发新时代装备建设质量管理体系示范工程推进实施方案的通知》，要求各单位积极推进新时代质量管理体系构建。

3.1.2 主要构成

在我国武器装备建设领域通过探索、实践、完善逐步建立起来的质量法律法规，对航天领域起到了重要的借鉴和推动作用。航天领域的质量法律法规形成了以《武器装备质量管理条例》为核心，相关质量法律法规为指导和支撑的质量法律法规体系，并可以进一步分为三个层次。

第一层次为全国人大颁布的法律，主要包括：

1）《中华人民共和国国防法》；

2）《中华人民共和国产品质量法》；

3）《中华人民共和国计量法》；

4）《中华人民共和国标准化法》。

其中，《中华人民共和国国防法》和《中华人民共和国产品质量法》对质量管理和专项法规制度分别提出了明确要求，是制定《武器装备质量管理条例》的根本依据。

第二层次为国务院、中央军委颁布的法规，主要包括：

1）《军队装备条例》；

2）《武器装备质量管理条例》；

3）《武器装备科研生产许可管理条例》；

4）《中国人民解放军装备科研条例》；

5）《中国人民解放军装备采购条例》；

6）《中国人民解放军装备管理条例》；

7）《中国人民解放军装备维修工作条例》；

8）《军工产品定型工作规定》；

9）《质量发展纲要》。

其中，《武器装备质量管理条例》是武器装备质量管理的顶层法规，国务院、中央军委制定的相关质量法规可作为实施质量管理的重要补充。

第三层次为军队总部与国家部委颁布的规章，主要包括：

1）《装备全寿命标准化工作规定》；

2)《军用软件产品定型管理办法》;

3)《军用软件质量管理规定》;

4)《中国人民解放军装备采购合同管理规定》;

5)《装备通用质量特性管理工作规定》;

6)《武器装备可靠性与维修性规定》;

7)《军工产品质量监督管理暂行规定》;

8)《装备通用质量特性管理工作规定》;

9)《装备承制单位资格审查规范(试行)》;

10)《国防科工委重大科技工程质量管理办法》;

11)《关于进一步加强高新武器装备质量工作的若干要求》;

12)《关于建立健全武器装备质量建设长效机制的若干意见》;

13)《关于深入贯彻〈武器装备质量管理条例〉进一步加强武器装备质量管理工作的若干意见》;

14)《关于进一步完善武器装备科研、生产进度和质量情况报告制度的通知》;

15)《关于加强专项工程质量与可靠性工作的通知》;

16)《关于加强装备论证工作的若干意见》;

17)《关于进一步加强新装备质量和管理工作的意见》;

18)《关于强化驻厂军事代表质量监督工作的意见》。

3.1.3 资格审查

承制资格审查是由军方主持的对申请单位提出的承制装备类型和规定的资格审查内容进行的全面检查,做出是否具备或保持装备承制单位资格的评价,为能否注册或保持《装备承制单位名录》资格提供依据。它是保证军工行业有效贯彻质量法律法规和相关标准,保证武器装备质量的重要手段之一。

（1）资格审查依据

承制单位资格审查的主要依据包括:《中国人民解放军装备采购条例》《中国人民解放军装备科研条例》《中国人民解放军装备维修工作条例》《装备承制单位资格审查管理规定》《装备承制单位资格审查规范（试行）》及配套管理办法，GJB 9001C—2017《质量管理体系要求》和其他相关的法规标准等。

（2）资格审查目的

开展装备承制单位资格审查工作的主要目的是在装备采购、科研、维修中贯彻《中华人民共和国政府采购法》的基本原则，推行装备竞争性采购、科研和维修，为装备采购、科研、维修质量提供有力保障，促进承制单位提高综合能力。

贯彻《中华人民共和国政府采购法》的基本原则。《中华人民共和国政府采购法》规定了供应商参加政府采购活动应当具备的6个基本条件和对供应商进行资格审查的基本要求，明确“采购人可以要求参加政府采购的供应商提供有关资质证明文件和业绩情况，并根据本法规定的供应商条件和采购项目对供应商的特定要求，对供应商进行资格审查。”《中国人民解放军装备采购条例》在规定装备承制单位应当具备的基本条件和审查要求上贯彻了《中华人民共和国政府采购法》的基本精神和原则。

推行装备竞争性采购、科研和维修。开展装备承制单位资格审查，建立《装备承制单位名录》发布制度，目的是完善装备采购、科研、维修市场准入机制，打破军民界限和部门界限，无歧视地对待所有装备承制单位，实行公平、公正、适度公开的竞争，把装备采购、科研、维修建立在国家最先进的科学技术和工业基础之上，降低风险，为装备采购、科研、维修质量提供保证。

为装备采购、科研、维修质量提供有力保障。实行装备承制单位资格审查制度，将符合标准的承制单位包括民营企业吸入到《装备承制单位名录》中，将为装备采购、科研、维修在更广范围内选择对象营造良好的客观环境，从而打破部门界限或行业封锁，促进装备承制单位转换机制，提升资源配置和管理水平，以其高质量在装备采购、科研、维修的激烈竞争中获得订单和效益，求得生存和发展。

促进承制单位提高综合能力。装备承制资格审查不仅要把住“准入关”、发放“通行证”，而且要贯彻动态管理原则，加强监督检查。《中国人民解放军装备采购条例》要求：对因产品和服务质量不稳定或者产品和服务的关键、重要特性不合格而不能提供合格产品和服务的承制单位，应当要求其采取有效措施限期解决；在规定期限内仍达不到要求的，应当终止装备采购合同履行，要求装备承制单位承担违约责任，并将其从《装备承制单位名录》中剔除。《装备承制单位资格审查管理规范（试行）》规定：装备承制单位在资格注册有效期内发生泄密、危害国家和军队利益，弄虚作假，装备承制能力严重下降，质量问题严重以及虚报成本、骗取合同等行为时，军队要注销其资格。对承制单位资格的这些特殊要求，将促使装备承制单位持续改进其管理，不断提高其综合能力，确保装备研制、生产质量。

（3）资格审查内容与基本要求

承制单位资格审查内容主要包括：法人资格，专业技术资格，质量管理水平和保证能力，财务资金状况，经营信誉和保密资质。

承制单位资格审查基本要求包括：必须以提高装备采购效益为

目的，必须以法律、法规为准绳，必须突出综合能力考核评价，必须以装备产品和服务为牵引，必须坚持公正公平的原则。

3.2 规范标准

在航天质量制度体系中，质量法规标准泛指由航天系统部、航天协会、航天科技集团公司、航天科工集团公司等组织制定的、在航天领域范围内适用的有关航天产品和服务质量方面的法规标准。如《关于强化航天科研生产管理若干意见》(简称“72条”),《强化型号质量管理的若干要求》(简称“28条”),《强化航天型号可靠性工作的若干要求》(可靠性“22条”),《航天型号精细化质量管理要求》(新“28条”)，以及《加强航天型号风险识别和控制工作的若干要求》《关于加强航天产品技术评审工作的若干要求》《加强航天产品质量问题分析工作的若干要求》《航天型号质量问题快速归零和举一反三工作有关要求》《载人航天质量管理办法》《军事航天装备质量管理规定》等，这里重点介绍我国航天产品和服务质量法规标准的历史沿革、开创性质量法规和装备质量监督机制。

3.2.1 历史沿革

20世纪60年代初期，由仿制转向自主设计之后，在国内外环境急剧变化的条件下，国防科研面临很多新问题。为总结科研工作经验，促进科技工作发展，在聂荣臻的领导下，针对当时影响科技发展的问题，提出了“科学十四条”报送中共中央，1961年7月19日中央批转全国。1962年，国防部第五研究院根据“科学十四条”精神，在总结实践经验的基础上制定并颁布了《国防部第五研究院暂行条例》(简称“70条”)，系统总结了型号研制规律、科研工作程序和以科研为中心的工作经验和失败教训，对科研单位实行“五定”（定方向、定任务、定人员、定设备、定制度），建立和加强技术责任制，建立技术指挥员制度和技术指挥线，建立型号总设计师制度，建立“三敢”（敢想、敢说、敢干）、“三严”（坚持工作严肃性、严格性、严密性）的作风，创造一个有利于科学试验的文明环境。邓小平评价“科学十四条”是“科学工作的宪法”，足见其发挥的重要作用和深远影响

20世纪80年代，航天事业由研制转向应用发展阶段。当时第一代航天型号工程研制已经完成，新一代航天型号正在论证、攻关、研制，航天科技队伍正处于新老更替的关键时期。为适应航天型号更新换代和航天科技队伍新老更替的需要，1989年航天系统制定了《关于新一代航天型号研制工作中若干问题的决定》。决定总结了型号研制经验，把实践中证明是成功的、有效的科研管理办法保留下来。内容包括三部分：一是直接与型号研制有关的管理规定；二是提高型号研制技术水平和研制质量，缩短研制周期，节约经费，应采取的技术方针、政策和技术、物质保障措施。三是指导型号研制的基本方针、综合性要求及需要注意的重大问题。

20世纪90年代，中国航天许多管理制度需要和国际惯例接轨，并改革那些不适应新形势的旧制度。1996年，航天工业总公司制定了《关于强化航天科研生产管理若干意见》（简称“72条”），这是发展航天技术多方面实践经验的智慧结晶，其总体构思是紧紧围绕科研生产管理，针对暴露的问题，在强化管理措施上下功夫；重点是落实责任制，建立和完善竞争机制，建立有效的质量监督机制，加强职业道德建设等四个方面。1997年提出了《强化型号质量管理

的若干要求》（简称“28条”），从设计、生产、元器件、原材料、标准件和质量管理等方面，针对技术管理和质量管理上存在的问题，明确了要求和具体规定，提出了质量问题归零的“双五条”标准，即管理上归零的五条标准——过程清楚、责任明确、措施落实、严肃处理、完善规章；技术上归零的五条标准——定位准确、机理清楚、问题复现、措施有效、举一反三。1998年提出并制订了“四个三”的航天质量振兴计划，与此同时，航天领域组织制订、发布了产品保证、技术状态管理、元器件五统一管理、软件评测、电装、焊接等技术标准、规范逾百项，还发布了三批73项航天科技工业行业强制性标准。至此，航天质量规范体系基本建立。

进入21世纪以来，为应对快发展、高要求、上批量、密发射的新形势，航天质量制度在继承的基础上，不断创新、提升，在系统化、规范化、精细化方面狠下功夫，确保了新一代航天装备和航天重大工程的“一次成功”。中国航天结合实践，不断完善质量规范标准体系，系统总结质量管理最佳实践，制定了一系列细化的质量管理规章制度，按照“一个红头文件配套一套标准，规范一个领域”的思路，编制形成了相应的技术与管理标准体系，实现了质量保证和质量管理工作的系统化、科学化、规范化、定量化和精细化，保证了以载人航天、探月工程、北斗导航、火星探测等重大工程为代表的航天事业全面发展。据不完全统计，近10年来，制定航天行业规范标准多达3000余项。

3.2.2 规范创新

中国航天始终将质量可靠性和安全性管理放到首位，逐渐形成了一套有中国航天特色的开创性质量规范，典型代表包括：指挥系统、规划计划、预先研究、型号管理、生产试验质量控制、软件工程化、质量问题归零和质量监督等。

（1）指挥系统

指挥系统包括型号研制的“两总”系统和任务发射与回收的指挥部体制。

型号研制的“两总”系统是在航天型号研制中实行以总指挥系统和总设计师系统为代表的行政、技术“两条线”领导模式，能有效避免行政管理和技术负责之间职责不清的状况。在总设计师系统中，型号设总设计师，分系统设主任设计师，单项产品设主管设计师。总设计师负责与总体设计有关的技术问题和与各分系统的技术协调，主任设计师负责分系统的技术问题，主管设计师负责单项产品的技术问题。总指挥系统由各级领导机关的行政首脑和各级计划管理部门组成，在一个型号研制过程中，总设计师系统确定技术方案后，总指挥系统是整个工程的行政组织者和指挥者，根据每一时期各分系统进度、配套情况，制订实施各项工程计划，负责人财物保障，科研生产调度和计划落实，检查、协调、考评承制单位和人员的工作等，对工程整体计划、经费和质量负责。实际工作中，“两总”系统的工作相互交叉、相互渗透，两者各负其责、相得益彰。

任务发射与回收指挥部体制是在组织航天任务发射、航天员返回等任务时，由发射中心牵头，联合参加任务的各系统和各方代表成立发射场区联合指挥部，审批任务进度计划和转阶段工作，研判任务态势、评估任务结果并协调各方处置异常情况。发射场区指挥部下设质量技术组，代表指挥部协调处置跨系统技术问题和跨系统质量问题归零，评审转阶段质量工作，复核技术状态变更、工作项目调整和系统内质量问题归零，组织技术交底、复查等质量专题活动。任务指挥部体制是航天发射组织管理高度集中统一的体现，是“有问题共同商量、有困难共同克服、有余量共同掌握、有风险共同承担”的大协同精神的贯彻落实，也是行政、技术“两条线”领导模式在航天任务发射等大型航天活动中的贯彻落实。

（2）规划计划

航天工程规划计划是各级行政指挥员实行指挥调度、组织指导各类型号协调发展的重要依据。航天工程规划是用来规划奋斗目标，明确其技术发展方向并保持各项相关技术持续、协调发展的纲领性指导文件，其主要依据是国防建设和航天强国战略，每五年制订一次。制订和实施一个既有远见又切实可行的发展规划，对国家科技进步、国防建设和航天事业发展具有重要意义。

航天型号研制和工程建设计划是航天系统计划管理的基础，其正确制订和有效实施，是航天工程建造和运行达到高效能和节约的重要保证，其他各项保障计划均以此为中心制订。做好计划的综合平衡是计划工作的核心问题，计划综合平衡的原则：一是要配套，做到“成套设计、成套试制、成套生产、成套交付（使用与运行）”；二是远近结合，时间上按“一个预研、一个研制、一个生产”三步走，研制程序各阶段相互衔接；三是掌握“瓶颈”，短线平衡、调动力量，变“短”为“长”；四是进度服从质量；五是需要与可能统一。

（3）预先研究

预先研究通常分为两类，即基础技术应用研究和以型号为背景的支撑性课题预研。预先研究任务采用课题制，以课题为基本单元，以课题组为基本活动单位，以型号需求配置科技资源，以合同制和法律手段规范各行为主体的责、权、利，来进行课题组织管理。目前，这种制度已经成为研究与开发活动中一种有效和普遍采用的基本制度。

预先研究实行以行政部门为主体，集中统一和分层管理相结合，领导与专家相结合并充分发挥专家作用的管理体制。从计划、经费、技术三个方面加强预先研究管理工作，对先期开发类和大部分应用研究类项目实行合同制，对应用基础研究类和少部分应用研究类项目实行基金制管理。

（4）型号管理

型号研制必须按程序办事。国家有关部门从 1985 年先后宣布了战略武器、卫星、战术导弹武器的研制程序。运载火箭和卫星工程研制分为总体方案阶段、初样阶段、试样阶段、正样阶段、应用改进阶段，战术导弹武器研制程序分为论证阶段、方案阶段、工程研制阶段（初样、试样）、设计定型阶段、生产定型阶段。型号研制的每个阶段都有明确的定义、任务与完成标准，转阶段必须有严格的评估与评审，评审须按行业标准执行。

在方案设计阶段，要特别关注总体方案设计的正确性和合理性。在研制阶段，运用基线严格控制技术状态更改。一个技术层次开发完成后，对系统技术状态要进行描述，形成基线，后一个开发层次将在上一级基线建立、稳定和受控之后才能开始进行；期间的技术状态更改须遵守"论证充分、各方认可、试验验证、审批完备、落实到位"的原则。以系统评审作为系统研制的节点，当一个研制层次完成以后，必须评价是否已经满足预期的目标，检查设计的成熟度，分析技术风险，为是否进行下一层次的研制提供决策依据。关键的几个技术评审包括系统要求评审（SRR）、系统设计评审

（SDR）、初步设计评审（PDR）、关键设计评审（CDR）、产品出厂评审（EFR）和加注暨转场前评审等。

（5）生产试验质量控制

生产过程是实现设计意图，把图纸、技术要求变成产品的过程，控制产品质量必须贯穿整个生产过程，既要专业检验，又要重视预防工作。在生产过程中，从元器件、原材料开始，每一道工序、每一个生产环节都要严格检验把关，并和岗位责任制结合起来。生产过程中对型号用元器件实施“五统一”管理，即“统一选用、统一采购、统一监制和验收、统一筛选、统一失效分析”，并落实全数检验、择优选用，不采用未经充分试验的、可靠性没有把握的元器件和外购品。结构及电路不允许超负荷使用，关键线路采用冗余技术，应用各种形式的备份措施。建立健全生产者自检、专职检验和设计代表检验“三检制”，建立健全设计师责任制，工艺设计责任制，计量、检测工具定期检查、鉴定、标校责任制，工件、产品跟踪卡等。

型号研制过程中有不同项目、不同层次、不同规模的多种试验，如可靠性试验，高低温、振动、冲击/噪声、辐射、真空等各种环境试验，各种综合、匹配试验，检验仪器设备之间、分系统之间相互匹配与相容性试验，最终考核的飞行试验（航天发射试验）。

航天发射准备和实施阶段，对航天产品质量的控制和管理要求主要包括：预防为主、消除隐患，杜绝重复故障，做到不带故障出厂、不带疑点转场、不带隐患发射等。任务实施过程中，设专职质量管理人员，负责搜集产品质量信息，并进行分析、反馈和贮存。严格贯彻岗位责任制，做到操作人员、检验人员、设计人员“三到岗”，执行自检、互检、专检“三检制”，开展回想、预想“双想”

活动，查漏补缺，采取预防措施。

（6）软件工程化

随着新一代航天装备中电子技术的发展，以及电子技术在制导、控制、导航、通信、测试、遥外测等众多领域的广泛应用，软件规模越来越大，软件的作用也越来越重要。航天领域在推行软件工程化、开展 GJB 5000A 软件成熟度评级的基础上，积极建立可重用软件库，完善配置项管理，推进软件系统架构统一、复杂度控制、软件产品化、标准化；同时，强化软件评测管理，建立“统一管理、合作交流、资源共享、同步提升”的软件评测体系，确保航天软件质量和可靠性。

（7）质量问题归零

对在航天型号研制、航天发射与回收、航天工程运行中发生的质量问题实施归零制。技术问题归零的标准是“定位准确、机理清楚、故障复现、措施有效、举一反三”；管理问题归零的标准是“过程清楚、责任明确、措施落实、严肃处理、完善规章”；质量问题归零工作的原则是“眼睛向内、系统抓总、层层落实、回归基础、提升能力”。

（8）质量监督

质量监督是指为确保满足规定要求，对实体的状况进行连续的监视和验证，并对记录进行分析的活动。其目的是防止实体状态随时间、环境的推移或变化而偏离满足规定要求。主要的监督主体包括企业监督、专职监督以及军方监督等。

3.2.3 军方质量监督

军方质量监督特指为了获取质量优良的航天装备（产品），在装备的形成过程中，由军方派出的军事代表依据有关法律、规范和标准对相关装备（产品）的研制、生产过程所实施的全部监督活动。军方质量监督是重要的质量监督方式。

（1）质量监督职责与任务

以军事代表为主体的军方质量监督的主要职责和任务如下：

1）根据订货合同，制定质量监督目标和计划，明确各相关方的工作任务、工作目标和计划，并落实到相关单位；

2）建立质量信息传递网络，制定信息收集、传递、处理和使用办法，充分利用质量信息分析、评估、预测航天装备质量趋势，明确各相关方的质量监督重点；

3）检查、督导承研承制单位落实质量法律法规和质量保证制度标准；

4）参与承研承制单位的质量保证活动，对承研承制单位质量保证的有效性进行监督，发现薄弱环节和不符合项，提出改进和纠正要求；

5）当发生质量问题时，督导监察质量问题归零；

6）定期统计、分析、发布航天装备研制生产的质量信息，通报质量问题和存在问题的承研承制单位。

（2）质量监督依据和原则

军方质量监督的依据主要包括：

1）国家、军队的相关法律法规、制度标准；

2）航天系统的法规、制度与标准，如航天装备质量管理规定、航天装备试验鉴定组织管理程序、航天装备在役考核工作指南、航天装备维修保障工作质量管理办法等；

3）研制总要求、合同或任务书；

4）装备（产品）技术和管理要求；

5）装备（产品）质量保证大纲；

6）被监督单位的质量管理体系要求；

7）相关方规定的其他技术和质量控制要求。

军方质量监督须遵循科学、公平、公正、规范、诚信的原则，恪守监督职责、行使监督权力、履行监督义务，主要原则包括：

1）按照相关法律、法规、标准等的要求开展工作；

2）以深入现场、把握关键、发现问题为主开展质量监督；

3）质量监督工作不替代航天装备（产品）设计、研制和生产过程的技术和管理活动；

4）质量监督人员须遵守行业道德行为准则，以正直、公平、诚实的态度开展质量监督工作；

5）质量监督过程中发现质量隐患或发生重大质量事故，须及时通知被监督装备（产品）承研承制单位采取有效措施，并对措施落实情况进行跟踪把关；

6）质量监督人员在监督过程中要遵守有关保密约定和规定，未经书面允许，不得泄露被监督装备（产品）的秘密（含商业秘密）。

（3）质量监督方法

军方质量监督的主要方式方法有验证方式、见证方法和日常巡视检查等。

验证方式是通过对检验确认合格的产品、部件、元器件、材料、工艺、技术、方案等，在相同的条件下，采用相同的手段，确认能否得出相同结果来达到对产品质量和工厂检验结果的认定，主要用于对产品质量做出最终判定，是对承研承制方确认合格的产品、部件等的再测试、再检验。由军方组织的验证是在生产过程中，对产品的实际状态是否符合已经鉴定批准的技术条件进行的求证，以支持对产品质量的最终判断，并通过对工厂检验结论的确认对其检验质量进行综合性复核。技术和方案的可行性验证和故障复现验证一般由承研承制单位实施，军方派代表参加。

见证方法是根据监督装备（产品）和过程的重要程度、复杂程度、质量控制的难易程度、技术风险的高低、出现偏差引起后果的严重程度等，设置见证点并实施见证式控制。见证点类型包括文件见证点（R点）、现场见证点（W点）、停止见证点（H点）。实施文件见证点（R点）时，军事代表对文件、记录进行审查，审查文件记录的一致性，与相关标准、要求的符合性，以及文件提交各级相关人员的审批情况。实施现场见证点（W点）和停止见证点（H点）时，承研承制单位须事先通知军事代表到场，军事代表签署意见并给予放行后，方可执行见证点后的工作，否则，军事代表可视情况向被监督单位发出不符合项报告或暂停令。

针对未设置见证点和未开展验证的环节或过程，军事代表做好跟踪和日常的巡视检查分析。日常巡视检查的主要目的是及时掌握和了解质量动态，及时发现问题，做好预测与预防工作。综合验证、见证和日常巡视检查的作用可以看出，验证主要用于产品，见证主要用于过程，日常巡视检查分析则主要用于管理，三者结合起来，构成对产品、过程、工作质量的全面完整的质量监督。

（4）质量监督内容

军方质量监督的内容通常覆盖设计、生产、试验以及型号出厂、转阶段、产品交付、技术状态更改、质量问题归零、可靠性、软件、元器件等关键环节。

① 设计过程

质量监督的重点内容一般包括：

——设计方案合理性；

——设计评审和设计验证情况；

——设计输入、输出的各类资料、数据、标准、规范、接口文件等的完整性；

——产品保证（质量）大纲以及可靠性等通用质量特性大纲的制定和执行情况；

——新技术、新材料、新器材、新工艺的选用及其验证情况；

——关键特性的识别分析情况及结果；

——设计的工艺分析、审查情况；

——产品继承性分析情况；

——设计更改控制情况；

——测试覆盖性分析情况。

② 生产过程

质量监督的重点内容一般包括：

——与生产相关的标准、规范、设计文件、工艺方案等；

——生产（含总装）准备状态检查情况；

——关键/特殊岗位人员资格情况，尤其是特种专业人员资格情况；

——加工设备和工装能力及状态、检测设备和装置的有效性；

——环境控制措施的执行情况；

——工艺方案、工艺规程与设计要求、有关标准的符合性；

——关键件的开箱和验收工作；

——关键、强制检验点设置，检验方法及实施结果；

——不可测项目控制情况；

——关重件、关键特性、关键工序、特殊过程控制情况；

——生产过程各种工艺装备、工艺关键岗位人员等变动及控制情况；

——新工艺鉴定和禁（限）用工艺控制情况；

——极性检查情况；

——电子装联过程质量控制情况；

——关键零部件、单机设备的安装工艺措施执行情况；

——包装过程、储运过程；

——多余物控制措施及落实情况；

——不合格品控制情况；

——重要超差、代料的控制情况；

——紧急放行审批和控制情况。

③ 测试过程

质量监督的重点内容一般包括：

——测试准备状态检查情况；

——测试大纲（细则）与要求的符合性；

——测试设备、条件、人员等与要求的符合性；

——测试记录、结果的完整性，签署的规范性；

——测试设备清单及校准状态；

——测试覆盖性检查结果；

——极性测试及结果；

——综合测试情况及其结果；

——超包络参数分析情况；

——不合格品控制情况；

——紧急放行审批和控制情况。

④ 试验过程

质量监督的重点内容一般包括：

——试验准备状态检查情况；

——试验大纲（细则）、技术方案与要求的符合性；

——试验设备、条件、人员等与要求的符合性；

——试验过程控制情况；

——试验充分性保证措施及落实情况；

——试验记录、结果的完整性，签署的规范性；

——试验报告的规范性；

——试验评审结果及其结论；

——不合格品控制情况；

——紧急放行审批和控制情况。

⑤ 转阶段

质量监督的重点内容一般包括：

——专项评审项目完成及结果；

——前阶段研制工作完成情况；

——规定试验项目完成情况。

⑥ 产品交付

质量监督的重点内容一般包括：

——交付程序、组织管理与要求的符合性；

——最终检验结果与要求的一致性；

——产品数据包与要求的符合性；

——产品履历书和产品证明书与要求的符合性；
——超差 / 偏离特许审查情况；
——交付正式评审结论及待办事项完成情况；
——例行放行的审查情况；
——超包络参数分析情况；
——质量问题归零及举一反三情况；
——产品交付评审及待办事项落实情况。

⑦ 型号出厂

质量监督的重点内容一般包括：
——专项评审项目及完成情况；
——出厂评审具备条件情况；
——备查文件审查情况；
——研制过程监督意见、建议落实情况；
——型号出厂报告与要求的符合性。

⑧ 外协、外包、外购产品

质量监督的重点内容一般包括：
——外协、外包、外购产品供应商管理情况；
——产品保证要求的传递、落实情况；
——委托方和供方产品过程质量控制情况；
——物资的目录外产品选用控制情况；
——主要外购、外协、外包产品的质量证明文件；
——关键原材料、标准紧固件入厂复验情况；
——产品验收情况。

⑨ 元器件

质量监督的重点内容一般包括：

——元器件“五统一”要求的落实情况；

——元器件选用评审和采购批准情况；

——目录外元器件控制情况；

——进口元器件选用、质量控制情况；

——新型元器件选用、质量控制情况；

——元器件质量保证相关问题的处理情况；

——超期元器件控制情况；

——元器件使用过程中相关问题的处理情况。

⑩ 软件

质量监督的重点内容一般包括：

——软件研制文档编制情况；

——软件研制关键节点评审及待办事项落实情况；

——A、B 级软件开发过程管理执行软件工程化要求情况；

——A、B 级软件和进入发射流程的 C 级软件通过第三方评测机构评测情况；

——第三方进行的软件走查、评测中发现问题的闭环处理情况；

——回归测试结果满足要求情况；

——软件“三库”（开发库、受控库、产品库）的建立及管理情况；

——软件出、入库过程管理情况及配置管理手续符合情况；

——对成熟软件产品“沿用”“借用”的适用性分析情况；

——“软件证明书”“软件质量履历书”填写情况。

⑪ 可靠性

质量监督的重点内容一般包括：

——可靠性工作计划（大纲）的制订及执行情况；

——可靠性设计分析情况；

——可靠性试验验证情况；

——可靠性关键项目的控制措施及落实情况；

——可靠性评审开展情况及待办事项落实情况；

——可靠性指标满足要求情况。

⑫ 风险分析与控制

质量监督的重点内容一般包括：

——型号风险管理工作计划及执行情况；

——型号风险识别与分析情况；

——型号产品成功数据包络线分析情况，超包络参数风险分析情况；

——型号研制阶段风险控制情况（型号研制阶段残余风险评估结果）；

——型号发射准备阶段、飞行试验（任务）阶段的风险管理策划及控制情况。

⑬ 技术状态更改

质量监督的重点内容一般包括：

——技术状态更改控制五条要求落实情况；

——技术状态更改验证充分性；

——难以通过试验验证的技术状态更改项目分析和复核复算情况；

——正（试）样阶段 2、3 类技术状态更改控制情况。

⑭ 质量问题归零

质量监督的重点内容一般包括：

——型号产品研制生产过程质量问题归零情况，包括归零报告的规范性和归零工作的符合性等；

——型号转阶段前质量问题归零及举一反三情况；

——产品交付验收前质量问题归零及举一反三情况。

3.3 规章标准

在航天质量制度体系中，质量规章标准泛指航天发射中心、航天装备（产品）承研承制单位等建立并在本单位内部使用的质量制度标准（通常表现为单位质量管理体系）和由航天发射中心、航天装备（产品）承研承制单位牵头，任务各方和相关协作单位参加，运用系统管理方法构建的适用于某一或某类航天任务、某一或某类航天型号研制的质量制度标准（通常表现为跨单位质量保证工作体系）。

3.3.1 历史沿革

中国航天发射从起步时的“筚路蓝缕”到而今的“康庄大道”，在管理理论方法和工程实践等方面，逐步探索并形成了适合我国国情的组织管理体系。

20 世纪 60 年代，周恩来总理提出“严肃认真、周到细致、稳妥可靠、万无一失”的工作方针，成为航天人始终遵循的行为准则。20 世纪 70 年代，航天发射管理通过培养全体参试人员高度的政治责任感和“三老四严”（老实人、老实话、老实事和严格要求、严密组织、严肃态度、严明纪律）的工作作风，落实元器件筛选、整机老炼、系统稳定运行、设计鉴定答辩和产品摸底试验等质量保证措施，有效保证了航天发射的成功。

20 世纪 90 年代，随着 921 工程的推进，为确保载人航天的高可靠性、高安全性要求，酒泉卫星发射中心开始探索建立质量管理系统，以“全面质量管理”为方针，围绕建设一支高素质的质量队伍，形成一套科学的程序方法，拥有配套的测试分析手段，构建融“预防、控制、纠正”为一体的载人航天发射场质量管理体系。

2005 年，西昌卫星发射中心为将航天发射质量管理经验系统化、标准化，率先应用 ISO 9001 国际标准，在航天发射领域建立运行满足国际标准的质量管理体系，实现了航天发射质量管理与国际标准接轨，并于 2007 年通过了第三方认证。

2006 年，酒泉卫星发射中心为适应载人航天工程新要求和航天发射新态势，研究将 ISO 9001 国际标准本地化，探索在国际质量管理体系标准框架下建立航天发射“零缺陷”质量保证体系，包括任务准备“零疏忽”、过程控制“零遗漏”、设施设备“零故障”、任务软件“零贻误”和航天产品“零疑点”等六个方面的内容，首次将我国航天发射质量管理经验升华为质量工程理论。

2009 年，西昌和太原卫星发射中心开始应用 GJB 9001、ISO 14001 和 OHSAS 18001 等国家军用和国际标准建立质量、环境和职业健康安全为一体的管理体系，首次提出一体化管理理念。

2010 年，酒泉卫星发射中心开始研究基于项目和核心业务流程整合所有业务活动的一体化管理体系，提出在体系、过程、措施三个层面开展质量、安全、环境、应急响应四类工作流程的融合设计。

2016 年，酒泉、太原和西昌三个航天发射中心联合开展航天发射一体化管理体系、方法与实践的研究，形成了系列化成果，标志着具有中国特色的航天发射一体化管理理论方法的成熟。

2018年至今，为满足中国航天发射高频度高强度和新型航天发射任务“春笋般”涌现的现实需求，一体化管理理论方法和工程实践迈入新阶段，相关标准规范快速成熟完善，并在工程实践中得到广泛应用。

3.3.2 管理体系

质量管理体系依据其管理对象，通常分为单位内和跨单位两种类型。

（1）单位质量管理体系

单位质量管理体系通常是在质量管理体系标准（如GJB 9001）的指导下，结合本单位业务，将质量管理体系有效运行所需文件与本单位的规章制度、标准化体系等进行整合，从而建立一个统一的文件化质量管理体系。

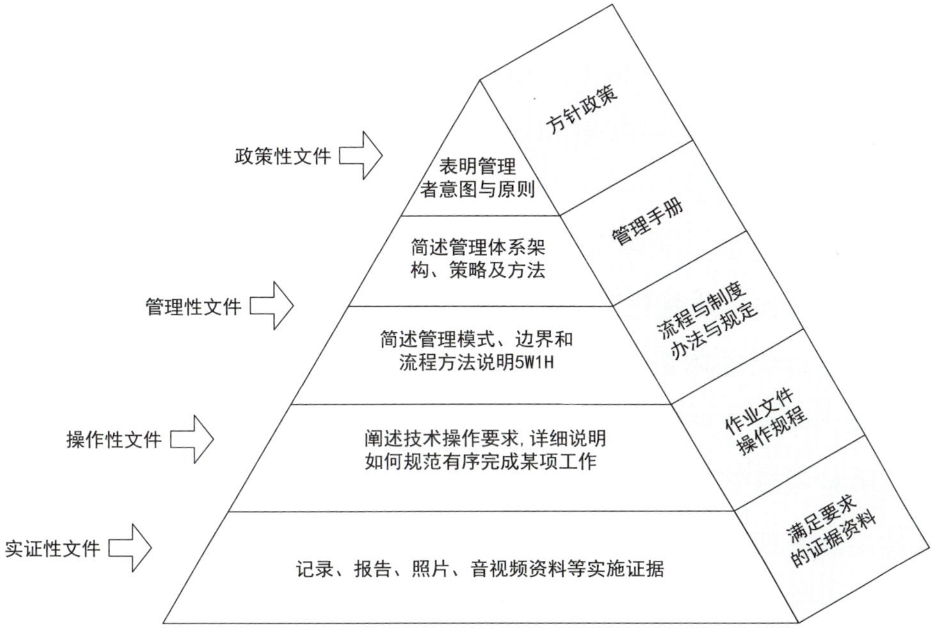

单位质量规章标准体系结构

通过质量管理体系对单位规章标准进行管理时，需要制定并执行年度质量管理体系工作计划，依托内部审核和管理评审等活动评价质量管理体系的有效性、符合性、适宜性和充分性，持续改进质量管理体系绩效。同时，通过质量管理体系认证获取相应的证书并接受相应的认证审核和监督审核等。

（2）跨单位质量保证体系

跨单位质量保证体系是以某一或某类航天任务、某一或某类航天型号研制为对象，以保证和提高航天任务或航天型号产品质量、满足任务或产品使用需要为目的，按照航天发射与回收、科研生产协作的客观要求，运用系统工程的观点，由牵头单位、任务各方和协作配套单位等组织起来的横向质量保证的有机整体。开展跨单位质量保证体系建设的目的是保障在任务实施和产品研制过程中能够系统地策划、实施和控制各项质量工作，提高达成预期目标的能力。通常，产品研制阶段由研制总体单位负责建立跨单位质量保证体系，产品生产阶段由生产总体单位负责建立跨单位质量保证体系，航天发射和回收阶段由航天发射中心负责建立跨单位质量保证体系。

跨单位质量保证体系的规章标准文件主要有章程、专项管理制度、任务或项目质量计划（质量保证大纲）、工作计划等。章程规定跨单位质量保证体系的范围、组织机构和职责、质量目标、质量保证要求、体系工作要求等。专项管理制度包括质量信息管理专项制度、质量考核奖惩等，将适用的要求纳入体系成员单位的质量程序文件。任务或项目质量计划（质量保证大纲）按照任务或产品质量保证要求编制，将接口控制要求以及接口风险管理要求纳入任务或项目质量计划（质量保证大纲）。工作计划主要规定跨单位质量保证体系的工作目标和各种活动具体如何实施的计划等。

3.3.3 典型规章

中国航天在发展的过程中，不断总结成功的经验和失败的教训，凝练成相应的制度要求并严格贯彻到实际工作中去。长期的实践证明，这些规章制度对质量管控起到了极为重要的作用，效果极为明显。

（1）责任追究制

将每个过程、活动和步骤的责任落实到相应的机构、单位和个人，明确工作项目、内容、程序和方法，确定监管依据、标准、措施和要求，严肃追究质量问题和安全事故中的人为责任。

（2）训练考核制

坚持“实战牵引训练、训练贴近实战”的指导方针，实行按纲施训。深化基础性、针对性和提高性训练，严格上岗考核确认，确保人员教育、培训、技能和经历满足岗位要求。

（3）演训评估制

通过贴近实战环境和内容的演训活动，一方面对人员、装备和人装结合等方面的训练成效进行检验和评估，以查找和解决存在的问题；另一方面对人员、装备和人装结合等方面的能力进行合成性训练，以快速提高系统或体系完成任务的能力。

（4）技术交底制

任务实施前，在参与任务的各实体单位之间开展技术交底，内容主要包括：研制技术方案、关键技术背景、产品技术状态、质量保证情况、问题归零结论、任务成功判据等。

（5）设计验证制

严格控制设计开发活动，确保输入审查充分、有效；输出经评审、验证和确认，以满足产品研制、任务实施、服务提供和勤务保障等方面的要求；更改须审批完备、严格受控。

（6）装备准用制

执行重大任务前，装备须进行全面维护保养、检修检测，经评审验证确认满足任务要求，并张贴准用证后才能参加任务。

（7）检查确认制

风险思维。基于工程要求、任务环境、航天产品和设施设备等因素识别危险源，评价重大风险，制定对策、强化管控，将事关任务成败的风险降到最低。

过程控制。设置控制点、明确责任、建立标准，对关键和重要参数实施百分百测试检验，不可测时实施百分百验证，确保任务过程全面受控。

状态确认。对航天产品、设施设备、人员配置和环境条件的状态进行百分百检查确认，对任务实施过程中的技术状态变更进行百分百评审批准，保证状态绝对准确。

节点把关。通过操作员确认、质量师检验、质量组评审等措施，对任务关键节点和重大活动进行把关，百分百做到不留问题过关、不带疑点发射。

（8）全程控制制

在整个航天型号产品研制过程中，要经过不同层次和规模的检查，以对产品的质量和可靠性进行考核。例如，通过整机合练提高电子设备的可靠性，通过各种环境试验来考验产品在低温、高温、振动、冲击、噪声、辐射、真空等各种恶劣条件下的性能，通过各种综合、匹配的试验来检验仪器设备之间、分系统之间的匹配与相容性等。此外，还采取了其他“精细”化质量控制做法，例如实行建立焊缝质量档案、产品履历书制度和质量跟踪卡制度；进行单机、分系统间出厂前的“握手见面”，确保产品实物接口的匹配性；开展试制、覆盖性测试、联合检查，组织转阶段评审确认等确保型号产品“一次成功”。

（9）测试检查覆盖制

为确保型号产品在研制过程中各项功能、性能得到有效控制和验证，中国航天在实际工作中首创测试覆盖性检查方法。按照测试覆盖性要求，型号研制过程中必须做到“四不到四到”，即测试不到验收要到，验收不到工序检验要到，工序检验不到工艺保证要到，工艺保证不到人员保障要到。按照单机、系统、总体三个层面逐级开展测试、验收、检验、工艺、人员五个环节的逐项检查确认，逐层追溯，用测试覆盖来验证设计正确，用关键环节的冗余设计来消除隐患。同时，明确提出对于不能见面、测试不到而不能覆盖发射、飞行的项目，应有充分的理论分析或旁证试验验证，这也是“万无一失”指导思想和行为准则在新时代的具体体现。

（10）软件零贻误制

任务软件零贻误是指在航天任务实施过程中不发生因任务软件故障而影响进程和质量的问题。具体讲，零贻误就是在任务准备阶段，软件的研制开发工作能够保证按时交付满足航天任务要求的软件产品；在任务实施阶段，软件的运行使用不发生影响任务按计划实施的问题或因其缺陷、故障而导致的不可接受损失，损失可能表现为时间的浪费、重要信息的丢失、航天产品和设施设备受损、关键顾客的不满等。

航天任务软件零贻误保障体系是为保证任务软件零贻误目标的实现，对任务软件研制开发过程和运行使用过程进行体系化管理的模式，是任务软件质量保障模型的具体化，涉及软件研发质量保证、组织管理质量保证和软件使用质量保证等内容。任务软件零贻误保障框架是在传统软件研发质量控制的基础上，增加了对软件使用环节的质量控制，并通过统一的组织管理使二者有机衔接起来。体系分别围绕团队层面的软件工程化、组织层面的质量监督和操作使用层面的任务状态控制三个相对独立的组织结构和过程展开，每一单元都具有相对独立性而又彼此相互关联和支撑，将软件开发与软件使用这两个看似相互独立的环节紧密连接在一起，共同保证软件零贻误目标的实现。

（11）证据留样制

保留航天发射任务过程和结果的全部证据，留存关键活动可追溯的记录，确保质量评审用数据说明，安全审查凭证据说事，环境评价靠事实说话。

（12）总结复盘制

任务结束后，利用获取的可验证数据和可追溯性记录，复盘任务过程和结果，分析评价技术和管理的适宜性、充分性与有效性，查找问题根源，寻找薄弱环节，制定改进措施，实现持续改进。

（13）隐患排查制

定期组织安全隐患排查，针对能量、有害物质和涉密信息等，分级别、系统和场所，逐单位、逐业务、逐设施设备排查人的不安全行为、物的不安全状态、信息的非预期扩散、单位监管不力等隐患问题，采用“拉单挂账”的方式，逐项根除各类安全隐患。

（14）应急三联制

三联即联责、联演和联动。应急响应管理中，应急准备和响应单位与任务实施单位责任相互关联，应急准备和响应演练与任务实施的针对性训练同时开展，应急准备和响应的策划、实施、检查和改进活动与任务实施同步进行。

（15）环境监控制

采取定期与持续监测相结合的方式，对大气、水体、土壤和生活用水的质量进行监视、测量和检验，对不利自然环境事件及时发布预警并落实防控措施，对人为导致的环境问题“拉单挂账”并限期纠治，对受技术和条件限制而遗留的污染问题协调相关各方解决。

（16）安全保密制

贯彻“缜密保密技术、编织保密网络、严肃法规纪律、严打失密泄密”的方针，对涉密人员、涉密载体、国际互联网、移动电话、智能电子设备和重大活动、新闻出版、信息发布等划定红线，对保密环境、条件、技术、方法、措施和手段做出规定，对失泄密查处职责、权限、标准、程序和办法等做出规范并严格落实。

（17）体系审核制

采取集中全面审核、重点专项审核和过程跟踪审核相结合的方式，开展一体化管理体系内部审核，督导措施落实，确认运行结果，发现存在问题，促进持续改进。通过管理评审系统评价体系运行绩效，决策体系建设的重大事宜。依托年度第三方认证审核，确保一体化管理体系满足相关标准要求。

（18）转阶段评审制

在航天工程建造和运行发生转阶段变化的节点处，设置阶段性控制点，组织转阶段评审，按照设置的放行准则，逐项进行考核，决定是否放行。

参考文献

[1] 中国航天科技集团公司. 产品保证［M］. 北京：中国宇航出版社，2017.

[2] 杨多和. 航天工程任务保证——现代全面质量管理发展的新趋势［M］. 北京：中国宇航出版社，2022.

[3] 董学军，等. 航天发射一体化管理理论与实践［M］. 北京：中国宇航出版社，2021.

[4] 董学军，等. 民商航天发射探索与实践［M］. 北京：中国宇航出版社，2019.

[5] 董学军，路建功，薛辉，等. 航天运输工程——策划·设计·实施［M］. 北京：中国宇航出版社，2023.

[6] 董学军，等. 航天装备质量工程技术［M］. 北京：中国宇航出版社，2022.

[7] 刘朝霞，吴大蔚，陈欣，等. 载人月球探测任务大气环境压力制度设计与试验验证［J］. 载人航天，2023，29（01）：61-70.

[8] 尹玉梅，孙雅兰. 有力推进中国法治航天建设理论探讨——评《中国空间法发展的理论与实践专题研究》［J］. 空间碎片研究，2022，22（02）：52-54.

[9] 陈远瞩，孙博宇. 商业卫星发射法律责任制度研究［C］. 上海市法学会.《上海法学研究》集刊2022年第7卷——华东政法大学文集.

[10] 杨双进，王卫东，李春江，等. 新时期航天产品化工作体系研究与构建［J］. 中国航天，2022（S1）：3-6.

[11] 董志梅. 数字航天背景下规章制度体系构建新思考［J］. 航天工业管理，2022（07）：56-60.

[12] 郑卫杰. 航天一体化独立质量监督制度的建设与实践［J］. 军民两用技术与产品，2022（10）：45-48.

[13] 王婧雨，周春晓，林杨，等. 新形势的航天企业合规管理研究［J］. 中国航天，2022（S2）：15-19.

[14] 张琪，王淑艳，范海波，等. 航天物资采购领域合规管理体系建设实践［J］. 中国航天，2022（S2）：23-25.

[15] 解非. 外空商业化与外空安全治理研究［D］. 北京：外交学院，2023.

[16] 朱伟光. 航天企业新生代员工管理的问题及其对策［J］. 现代企业文化，2023（19）：153-156.

[17] 王红军，邱峰. 航天企业基于三项制度改革的人才管理体系构建［J］. 上海国贸，2023（07）：46-48.

[18] 张超汉，胡熳馨. 全球空间安全治理视域下临近空间飞行监管研究［J］. 太平洋学报，2024，32（01）：1-16.

[19] 段欣. 论外空资源权利的法律属性［J/OL］. 北京航空航天大学学报（社会科学版）：1-14［2024-02-29］. http：//doi. org/10. 13766/j. bhsk. 1008-2204. 2023. 1786.
[20] 胡倩倩. 管理标准化视角下知识转移的路径研究——以航天企业为例［J］. 质量探索，2022，19（04）：63-68.
[21] 杨中恒，李建华，冯春霞，等. 数字化条件下航天产品工艺文件管理标准的适用性研究［J］. 航天标准化，2023（01）：30-33.
[22] 张懿珺，航天商业化背景下中国航天保险法律制度的构建［C］. 上海市法学会.《法学前沿》集刊2023年第1卷——航空法研究文集.
[23] 侯莹莹. 空间碎片减控法律制度研究［D］. 沈阳：辽宁大学，2023.
[24] 陈强，李婉，崔佳，等. 新时期航天产品化规章制度体系研究［J］. 航天工业管理，2023（12）：8-11.
[25] 蔡闻一，邱宇峰，沈玥. 国有控股混合所有制航天企业完善公司治理的思考［J］. 航天工业管理，2023（02）：46-50.
[26] Guo Dong F，Zine Y. 构建中国航天器物权法律制度的功能考察与立法研究（英文）［J］. Aerospace China，2023，24（01）：41-47.
[27] Helen Muir，Don Harris. Human Factors and Aerospace Safety［M］. Taylor and Francis，2018.
[28] Pradip K. Saha. Aerospace Manufacturing Processes［M］. Taylor and Francis，2016.
[29] Mark Frence. Aerospace Applications ［M］. Springer International Publishing，2018.

第4章 航天质量行为文化

质量行为文化是员工在产品和服务的实现过程中，表现出来的特定行为方式和行为结果的积淀，体现着人们质量价值取向，并受质量法规标准的约束。本章重点讨论航天质量行为文化的特色表现。

行为是一个人内在精神、一个团体集体人格及其价值取向的外在表现。质量行为文化体现为群体通过物质层面的因素保证产品和服务质量的行为模式。航天质量行为文化的核心作用是通过组织和个人的规范性行为确保质量制度得到落实、质量要求得到满足，是质量精神文化、制度文化内化于心、外化于行的具体体现。中国航天质量行为文化特色主要表现为不断超越、求真务实、和衷共济和独特的语言与行为习惯。

4.1 不断超越

不断超越的行为表现为面向世界前沿，持续不断地进行自主创新和坚持不懈地追求卓越。中国航天始终被西方列强排除在高端科技合作之外，唯有不断超越，才有初创时期的"两弹一星"，发展时期的前沿技术突破，才有从"航天大国"向"航天强国"快速迈进的今天。

4.1.1 自主创新

4.1.1.1 基本要义

自主创新，就是不断创新并始终将创新的主动权掌握在自己手中。

自主创新的实质是自力更生与科技创新的有机结合，主要表现在四个方面：自立自信、自强不息；敢于尝试、勇于探索；不畏失败、愈挫愈勇；把握主动、勇攀高峰。

自立自信、自强不息。自立就是能够立足自身并以大无畏的精神直面前进道路上的任何困难和挫折；自信就是能够正确认识自身与面临的形势，并始终对追求的事业抱定百倍的信心。自强不息，就是要不断通过切实的行动和努力提高自身实力，在奋进与拼搏中日益站稳脚跟、提振信心、迈开步子，使得事业的道路越走越宽广、前途越来越光明。自立自信、自强不息的本质是敢于自我超越，并勇于向远大目标不断奋进的执着精神。

敢于尝试、勇于探索。尝试和探索就是在以往没有人想过或认为不可行的方向上开拓前进。航天科技要求善于在吸纳最新技术成果的基础上，不断开拓进取，攻克重大关键技术。中国航天从无到有、从失败到成功的经验一再表明，唯有不惧风险并积极尝试与探索才能走出一条自主创新之路。为了实现一个创新目标，研究者必须采取某些新设计，而这些设计可能存在某些不被认知的风险，并且这些风险可能会带来灾难性后果，而航天工作就是在未知领域不断探索的过程。没有独立自主的大胆尝试，永远不可能切实认识和解决这些问题，更不可能通过不断深入的试验吃透规律，真正把握具体功能与性能设计的合理限度与适用范围。“纸上得来终觉浅，绝知此事要躬行”，从问题中提高、在纠错中进步已经成为航天人一种自觉的实践行为，这种实践越全面深入，认知就越完整透彻。

不畏失败、愈挫愈勇。航天是高风险的探索性事业，严格意义上讲，任何航天型号在本质上都存在缺陷，即便已经成功实施也不意味着所有的隐患和风险都得到了充分的揭示和处理。与此同时，失败的巨大风险以及由此带来的重大影响和巨大损失，又迫使航天领域的创新必须以安全为底线。航天研制工作的特殊性使航天人不仅要不断突破各种壁垒与“瓶颈”，还必须不断通过反复试验与纠错跨越各种创新产生的“陷阱”，在尽可能减少故障和质量问题的前提下开拓创新。因此，航天领域几乎所有的自主创新活动都是冒着失败的风险展开的，没有经历过挫折、没有遇到过失败，就不可能真正认识到航天事业的本质。实践辩证法一再证明，追求高成功率的航天事业正是因为航天人所特有的不畏失败、愈挫愈勇的行为才一步一步走向更大的成功。

把握主动、勇攀高峰。回顾中国航天历程，可以讲航天人一直处于“逼上梁山”的境地，历史将他们推到国家综合国力和尖端科技竞争的战场上，如果退却不前，整个国家和民族就难以摆脱近代以来落后挨打的命运，只有迎难而上，“明知山有虎，偏向虎山行”，才能为国家和民族赢得生存与发展的空间。因此，自主创新固然有风险和失败的可能，但却是把握主动的唯一选择。故步自封或依赖他人，则注定会将整个国家和民族置于被动挨打的境地。把握主动、勇攀高峰既是中国航天人的唯一选择，也是中国航天自主创新的最高境界。

航天是国家综合国力和尖端科技实力竞争的重要领域，是不同民族和国家展现其意志和精神力量的广袤舞台。在当前国际态势下，可以预见的是随着时间推移，这种竞争会愈演愈烈。60 多年的中国航天史证明，唯有坚持自主创新，才能在激烈的竞争中始终位居前列、掌握主动，才能将关乎国家安全、民族兴盛的命脉牢牢抓在自己手中。

4.1.1.2　行为实例

20 世纪 60 年代，研究发现火箭发动机燃烧剂使用偏二甲肼可以提高比冲，比冲的数值越大表明单位推进剂产生的推力效果越好，也就是对单位重量的推力越大。因此，比冲越高的火箭发动机具有更高的推进效率。但当时苏联专家认为偏二甲肼有剧毒，且是积累性的，不能用。苏联专家撤走后，承担这一课题、多年后成为“两弹一星”功勋奖获得者的梁守槃与中国军事医学院的专家通过深入的研究证明，它是非积累性的，并找到了特效解毒药，从而克服了使用障碍。为设计推力更大的发动机，梁守槃认为可以将几个离心式涡轮泵并联，但此方案遭到苏联专家的反对，特别强调并联离心泵会因干扰而受损。中国科研工作者就是不信邪，通过严密的试验验证了并联方案的正确性，从而为大推力发动机的涡轮系统设计提供了可靠的方案。

中国航天人自主创新的坚定信念和强烈意志从来就没有淡化过。长征二号E运载火箭（长二捆）是在长征二号火箭的基础上研制的，有一定的延续性。但是，这是我国第一次采用当时国际上只有美、法等少数国家才掌握的大型火箭捆绑技术，必须从理论上透彻地搞清楚箭体稳定、捆绑链接、助推器火箭分离等许多难题。我国科研人员不畏艰险，只用18个月就完成了常规需要4年才能完成的研制任务，一举攻克了捆绑火箭结构力学模型构建的难题。长征二号E火箭的成功研制，为后来载人航天专用火箭长征二号F的成功研制打下了坚实基础。长征二号F火箭研制中，面对外国人对逃逸技术转让漫天要价的傲慢态度，中国航天人零起步，自主创新，三年多就攻克了逃逸技术。

没有敢为天下先的气概，就谈不上守正创新，更谈不上在创新中对航天精神的践行与坚守。

4.1.2 追求卓越

4.1.2.1 基本要义

追求卓越，就是把每一件事情都做到极致。

中国航天人始终把做到极致作为工作标准。在整个中国航天领域，追求卓越、永创一流已经蔚然成风，成为航天人坚守的行为准则。这一准则已经全方位渗透到了中国航天领域的各个环节，表现为“不突破不行”的执着与坚守。

航天人创造性地将系统工程理论应用于航天型号管理，建立了型号研制管理体系，形成了“探索一代、预研一代、研制一代、生产一代”的科研创新模式，突出自主创新在航天技术发展中的重要指导作用。以航天飞行力学、火箭弹道设计专家余梦伦命名的“余梦伦班组”，创造了“三步跨越”创新法：第一步重基础，倡导数学模型、技术成果和设计经验的“三共享”；第二步重效率，要求每个人员在设计弹道时做到“四个一”，第一次用一个月，第二次用一周，第三次用一天，并对高效完成的设计任务进行一次检查，以确保结果的正确性；第三步重突破，推行新老结合、学研结合、中外结合、工程应用与理论研究结合、预研与技术应用结合的“五结合”，以此促进已经具有丰富工作经验的员工持续保持天马行空的想象力和超越前人的追求。

追求卓越、永创一流与自主创新相结合，表现为“有条件要上、没条件创造条件也要上”的“非创新不可”的拼搏精神与进取意志。正是坚守了这种“非创新不可”的强烈愿望，在60多年的中国航天史上，航天人不断超越进取，走出了一条富有中国特色的自主创新之路，为航天事业开拓了越来越广阔的空间，并为共和国筑起了最高远的战略边疆。航空航天月桂奖“终身奉献奖”获得者刘纪原讲：“我国航天立足自主创新，在体制机制上实现从研究院到工业部再到大型企业集团的转变，建立了型号及总体、总装、总测试、总试验为一体的结构模式，形成了总体为主体、专业为基础，军民协调发展的创新格局；在组织管理上，从实行以型号为纲和技术责任制为重点的科研管理，到形成科学严密的组织管理体系；在技术上起点高，不走别人的老路，具备一定的核心竞争力，全面取得创新发展。”这是对中国特色航天创新精神的朴实总结。

4.1.2.2 行为实例

某型号任务，全系统已进入火箭发射前的最后时刻。忽然，指控中心监控台上的一个指示灯闪烁了一下，这个转瞬即逝的现象被工作人员敏锐地捕捉到了。随之，对现象性质的分析和判断引发了激烈的争论。火箭已经树立在发射台上并加注完毕，而指示灯表征的部件为双备份，最主要的是问题现象再没有复现。是偶发还是确有故障？是停止发射进行检查还是自信问题不大继续执行发射程序？一时难以决断。“决不能让产品带着问题上天”，中心决定终止发射程序进行问题处理。能想到的原因都想到了，“问题不大”的情绪逐渐抬头。中心抓住“用数据说话”这一条坚决不放松，大家的思路渐渐地聚焦在了当天气温上。为此，相关部件被拆下来放入模拟当时环境温度的冰箱内进行长时间复测，果然低温下故障复现了，原来是低温造成元器件工作异常。根据分析，如按原计划实施，发射时刻气温会更低，故障必然出现，那将直接导致任务失败。

长征三号甲运载火箭发射嫦娥一号卫星。在以往的任务中，长征三号甲系列运载火箭都是先将卫星发射到地球同步轨道，卫星绕地球旋转，并在旋转过程中通过变轨进入目标轨道。为简化卫星飞向月球前的变轨，中国的轨道设计专家提出，可以设计一种轨道，使卫星与火箭分离后直接飞向38万千米外的月球。这一思路简洁，却也大胆，必须对科研人员原本熟悉的轨道理论设计方法和手段进行重新演算。通过一系列翔实的论证后，这一新颖大胆的方法终于在嫦娥二号卫星发射中得到应用并取得圆满的成功。

4.2 求真务实

求真务实的行为表现为严、慎、细、实的作风和对成功的不懈追求。自航天事业诞生的那一天起，中国航天人就“敢于坚持真理，善于独立思考，坚持求真务实”，老老实实，踏踏实实，以科学的态度对待科研中的一切事物。

4.2.1 严慎细实

4.2.1.1 基本要义

严慎细实，就是做任何事都必须自始至终保持严肃的态度，慎重的作风，将所有的步骤和可能出现的状况考虑清楚，秉持求真务实的精神。

求真务实的工作作风的形成有着深厚的历史渊源，也可以说是航天人用无数惨痛的教训换来的。20 世纪 90 年代，在中国航天大踏步迈向国际商业卫星发射市场之际，却连遭挫败。1992 年 3 月 22 日，“长二捆”运载火箭发射澳大利亚通信卫星“澳星 B1”任务时，因 0.2 毫克的铝制多余物导致发射失败；1994 年，国内急需的东方红三号通信卫星因燃料泄漏未能进入预定轨道；1995 年 1 月 26 日，“长二捆”运载火箭发射“亚太二号”卫星失败；1996 年 2 月 15 日，长征三号乙运载火箭在发射“国际通信卫星 708”时触山爆炸；1996 年 8 月 18 日，长征三号运载火箭发射“中星七号”卫星时，因发动机故障，卫星未能入轨。面对连续重大挫折，航天人“刀口向内”，深刻反省、系统总结、查漏补缺，提出了管理上要严之又严，决策上要慎之又慎，技术上要细上加细，工作上要严格要求，由此凝练出严慎细实的工作作风。

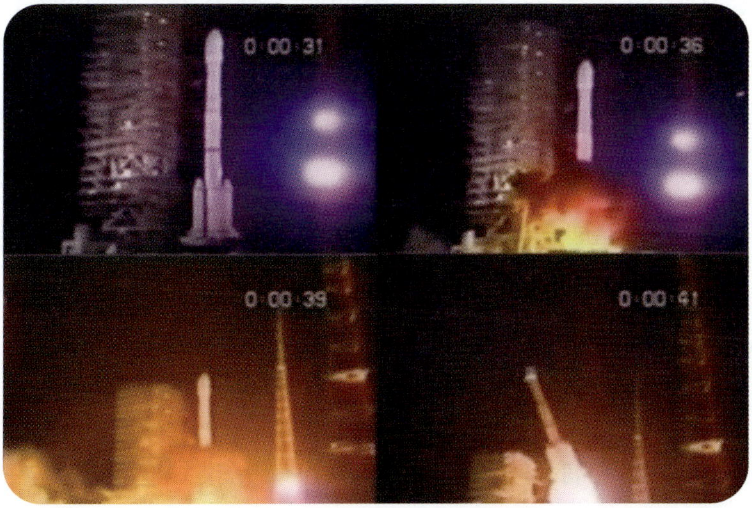

1996年2月15日，长征三号乙火箭发射国际通信卫星708失败

求真务实意味着“严”字当头，主要是从工作作风和管理角度，强调严明的纪律、严密的组织、严谨的态度。就是要严字当头，不讲情面，不留退路，发现问题抓住不放，解决问题一抓到底，做到严格要求，赏罚分明。求真务实意味着“慎”重而为，强调对于高风险的航天工程必须尊重客观规律，持审慎、谨慎的态度，综合权衡，吃透技术、规避风险、控制状态、试验验证，确保稳妥可靠，万无一失。求真务实意味着“细”出精品，强调对于复杂的航天工程必须采用细致的工作方式，关注细节、精细管理，一次就把事情做对、做好，不留任何缺陷，做到一丝不苟、分秒不差。求真务实意味着“实”字落地，是航天工程的落脚点，要求作风务实、责任落实、基础夯实、信息真实，自觉执行命令和履行职责，勇于进取、善于攻关，创造性地完成自己的工作，做到兢兢业业、勤勤恳恳。

“两弹一星”元勋、火箭和导弹控制技术专家黄纬禄从航天工程的实践中总结出思想准则“心字歌”和工作准则“性字歌”。

“心字歌”：指挥操作要精心，分析故障要细心；胜利时不要掉以轻心，失败时不要丧气灰心；委屈时不要寒心，顺利时不要漫不经心；对事业要耿耿忠心，攻克关键技术要有壮志雄心；同志要互相关心，帮助别人要一片热心；接受批评要虚心，改正错误要诚心；完成任务要有信心，解决问题要有耐心；进入岗位时要树立责任心，服从分配工作要安心；说老实话、做老实事、无愧于心，以身作则、平易近人的作风要深入人心。

“性字歌”：语言和行动要有一致性，分析问题要有科学性；处理问题要有严肃性，生活上切忌散漫性；报告情况不可有欺骗性，有些不正常现象带有随机性，通过深入研究找到它的规律性；比贡献要有竞争性，操作失误不能强调偶然性，不认真对待就会变成必然性，知错不改必有危险性；为大家服务要有连贯性，考虑事务的效果时应有全局性；调查研究要注意实质性、切忌表面性，对问题下结论时要保证正确性、切忌片面性；社会上的不正之风有很大的诱惑性，拒绝被拉下水应树立一丝不苟、一尘不染的坚定性；对错误言行的批评要有尖锐性，个人考虑问题难免有局限性；要充分发挥群众的积极性，提意见和建议要有建设性，对分歧意见的处理要讲原则性。

坚守一“心”一“性”，已成为全体航天人共同的不二选择。

中国航天人创造了一系列将严慎细实的作风转化量化、细化深化的实际做法，产生了显著的效果。例如，以前认定一个产品的状态“合格”，只要在技术要求范围内就可以。现在首先要强调量化，研制和测量人员不能笼统地定性地认定“合格”或“不合格”，而是要“数据说话”——将各种指标列出并给定具体数据，然后进行各种深入的量化分析。首先看指标数据在不在“成功包络”内，如果不在，就要从可选的单元部件中择优更换以使其被包络；其次看指标数据的一致性，为此要进行数据的“三比”，即历史数据纵向比对、同型号间数据横向比对和关联数据比对，一旦发现数据存在不一致的情况就必须分析查找原因；最后看指标数据符合不符合最新的行业标准要求，如果不符合则进行相关的深入探究，寻找改进优化的可能。

4.2.1.2 行为示例

1999年，神舟一号飞船在联合检查测试阶段，测试人员发现飞船返回舱惯性测量组件的一个液浮制导陀螺无法工作。针对是否打开返回舱的舱底进行检查排故出现两种意见。一种意见认为，已经临近发射，飞船内有成千上万的元器件和信号线，打开舱底排查故障的风险太大，况且陀螺用了双备份，没有必要打开舱底；另一种意见认为，所有问题必须在地面解决，要让飞船不带任何疑点和隐患上天。两种意见发生了激烈的冲突，载人航天工程指挥部顶着巨大压力，最终决策打开舱底，将所有隐患消除在地面。这给刚刚起步的载人航天工程，树立了“严慎细实”的示范和标杆。

要让飞船不带任何疑点和隐患上天

在载人航天工程实施过程中，“一切为载人”和“确保万无一失”成为每个航天人的行为准则和最高愿望。为了确保飞船着陆安全，除反推发动机外还设计了座椅缓冲器，神舟一号飞船至神舟四号飞船采用的是“拉刀式”缓冲器，但这种缓冲器还不够完善，虽然花了七年的时间加以改进，但性能依然不太稳定。2003 年 5 月，离计划中的首次载人发射只有几个月了，工程总设计师王永志接到试验报告反映“拉刀式”缓冲器在某些方向效果不理想，如果反推发动机不点火，航天员可能出现伤亡。虽然有人提出反推力火箭不点火的概率几乎为零，但王永志认为绝对不能接受这种“几乎”。他立即提议转而研制可靠性更高的“胀环式”缓冲装置，但研制却是困难重重，再加上时间紧迫，在改和不改的决策上引发了分歧。两个月后，面对前来了解情况的总装备部领导，他对这个问题进行科学分析，并表示新的缓冲装置两个月就可以研制出来，最后得到首肯。49 天后，新的缓冲装置研制成功，2003 年 10 月 15 日搭载我国首位航天员杨利伟的神舟五号飞船发射成功并于次日安全返回。正是凭着“严慎细实”的作风和科学严谨的精神，航天人将无数个“几乎”变成了“毫不”。

4.2.2 确保成功

4.2.2.1 基本要义

确保成功，就是通过严格、细致、周到的计划和缜密的实施，保证航天任务成功。

中国航天事业发展到今天，尽管有很多技术手段保证航天发射的可靠性，但是确保发射圆满成功的关键因素还是人。航天是一个系统工程，技术上的正确无误与严格的工程管理相结合是工程成功的关键，讲求科学、实事求是，严格规范、一丝不苟是航天人必须坚守的行为准则。

中国航天六十多年的工程实践表明，坚持科学规范的行为准则是事业永葆成功的法宝之一。所谓的科学规范，最重要的是要从航天工程的实际出发，认真总结规律，进而用这种源于实践的“规律”指导航天事业的进一步发展。中国航天在总结多年工程实践经验教训的基础上，探索出经反复检验证明能够有效保障成功的两个基本“规律”：一是地面试验充分，验收眼见为实，测试覆盖全面，操作准确无误；二是把确保成功作为一切工作的基础和前提。近年来，在实践这两个基本“规律”的基础上，中国航天提出“把成功作为一种信仰”的理念。中国航天人对成功的理解极为深刻，最能切身感受到航天发射所承载的国家形象和民族希望何其厚重。因此，他们从精神上就将航天事业视为对成功信仰的实践。这是一场艰巨的实践，同所有的信仰实践一样，信仰者在信仰实践中已经得到精神上的高度满足。

以行为文化层面的视角，确保成功需要从大小两个方面进行把控。一方面从大处着眼，搞好顶层策划，不断提升总体能力。顶层如同“龙头”，如果一开始不在顶层搞好策划，“龙头”稍有偏差，后面的工作可能谬以千里。因此，中国航天普遍遵守放行准则，各系统只有在满足放行准则时才允许出厂或发射。目前，在应对高密度发射任务的严峻考验和挑战时，航天产品研制和发射均很好地开展了顶层策划和实践，保证各系统之间协调一致。长征系列运载火箭已逐步进入了产业化研制生产状态，分系统组装生产，整箭总装出厂测试，发射场待命发射，火箭如同流水线上的产品一样处于高效、顺畅的流动之中。在发射场，航天发射已经实现了多个型号并行装配、测试、发射，同型号间滚动式递进开展工作的良好态势。另一方面从小处入手，搞好量化控制和精细化管理。牢固树立第一次就把事情做对、第一次就把事情做好的意识，谨记“虚心学习、耐心复查、细心工作、放心发射”的准则，做到“向上限看齐、用数据说话、跟自己较劲、想明白再干”的要求，实践“极端负责、挑战自我、小中见大、精益求精”的精神，毫无遗憾、毫无悬念地实现工程研制完美、航天发射圆满、装备运行无缺。

4.2.2.2 行为实例

神舟飞船整流罩上的换流器涉及 4 个插头的插接，属于典型的易错项目。为了保证插接的正确性，总装车间采取了 3 项措施：一是在接插检查表上加盖一个红色的项目章，提醒操作人员需要特别注意这里有可能出错；二是要求操作员在接插前先检查，接插完了再复查一次；三是由与操作员同在一个岗位的人员进行检查，如果没有发现问题，则拍照记录，这张照片要求必须能够同时显示插头号和插座号。正是这种细之又细、精中再精的工作作风，以及既科学定位可能的问题节点又明确操作规范的方法，使中国航天确保成功的理想追求变成了一次次的现实成功。

中国航天人在面对急难险重的任务时，始终将确保成功建立在科学求实、勇于拼搏的基础上。2016 年 9 月 15 日 22 时 04 分 12 秒，天宫二号起飞并成功进入太空。10 小时后，发射场脐带塔电缆竖井因发射时喷溅的火星而意外着火，101 根光电缆烧损。此时，距离神舟十一号发射只有 1 个月，留给发射场恢复受损电缆的时间不足 20 天。阵地指挥所和工程总体单位夜以继日，严密策划每个环节，精心设计每个细节；抢修施工人员 24 小时轮班作业，众志成城、共克时艰；基层干部昼夜跟班，挺身在前、担责在先；发射场区指挥部和总师系统顶住压力，身先士卒、调度有方。历经15个日夜，受损光电缆终于全部恢复，为神舟十一号载人飞行任务按时发射赢得了宝贵时间。

4.3 和衷共济

“万人一杆枪”，是对中国航天工作模式与协同精神形象而又到位的表述。数万乃至数十万的人员、数百乃至数千的企事业单位，需要在各自不同的岗位上、领域内为同一任务而奋斗，没有高度的协同与宽阔的胸襟，是难以想象的。“有问题共同商量，有困难共同克服，有余量共同掌握，有风险共同承担”，这正是中国航天人在大协同中总结并始终坚守的协作准则，简短的话语却透漏出最深厚的无私与坦诚。

4.3.1 协同集智

4.3.1.1 基本要义

航天工程规模庞大、技术复杂、集成度高，涉及众多科技领域和工业部门，靠一个单位或一个部门无法独立完成，必须依靠全领域乃至全国的紧密合作、大力协同、集智攻关。

早在中国航天的起步时期，钱学森就提出，“两弹一星”等重大科学工程是多种现代科学技术成果的高度凝聚和结晶，是一项系统工程，要组织全国大协作。六十多年来，从“两弹一星”到载人航天、北斗工程、探月工程等，一个重要的经验是，组织全国大协作，集中力量办大事，把各行各业的精锐力量组织起来，变总体劣势为局部优势，以实现高科技领域的率先突破。

大力协同、集智攻关的意识不仅仅是中国航天发展战略的总体要求，更体现为指导航天人思想与行动的基本价值取向和行为准则，其基础就是服从国家总体利益的同舟共济、团结协作的大局观念，同时，这一大局观念也是航天研制任务的内在要求。在协同攻关中，大局观念使航天人的思想和行动有机地融入相互协作之中，甚至逐渐达到一种人如其器、人箭合一的精神境界——人与其创造物融为一体，两者的特征、风格、气质与精神相互投射、渗透、交会、激荡。这或许是一般人难以企及的最高境界，但是对航天人来说，达不到这个境界，就不可能谈论成功。航天工程特殊就特殊在，一旦按下发射按钮，就几乎不可能纠正和消除因前期过程的不完善所导致的问题或风险。人们常说在试错中前进、向失败学习、摸着石头过河，但航天恰恰以成败定乾坤，是一个没有试错机会的事业。要追求一次成功，就只能竭尽全力达到创造的最高境界，实现创造者与创造物在精神上的共鸣。在实践中，航天工程对整体性与协同性的高标准严要求，已经从日常工作程序渗透到了航天人的思想意识和行为习惯之中。

大力协同、集智攻关的集体性行为强调：一方面，要明确目标，尽力把自己的事情做好；另一方面，还要提倡团结协作，主动帮助别人把事情做好。在这两个过程中，以做好事情为共同目标，开诚布公地交底困难、共享资源。显然，大力协同、集智攻关必须要以制度、组织乃至文化作为保证，仅仅强调个人的成功必须基于他人的成功为前提，并不足以促使人们追求长期的共同的成功。航天工程几乎涉及一切科学技术领域和国民经济部门，社会化、专业化达到相当高的水平。这样高度综合的现代科学技术，仅仅靠哪一个特定的部门是根本办不到的，只有通过全国性的、系统内外以及型号内部的大协作、大协同，才能实现集智进而成功攻关。

4.3.1.2 行为实例

1956 年，中国航天事业初创时期，正值我国第一个五年计划刚刚起步，在各方面都急需科技人才的情况下，为了建立一支强大的航天科技队伍，全国各省市、各部门纷纷发扬风格，“忍痛割爱”把自己的“尖子”送出去。解放军军事工程学院（简称哈军工）院长陈赓带头作表率，主动提出：“军事工程学院的科技专家都可以给，调哪个给哪个，除已经提名的外，还可以多抽几个。”许多单位甚至不等调令或介绍信，打个电话就送人来。那些被调动的同志，接到调令二话不说，听从党的召唤，卷起铺盖就走，表现出崇高的觉悟。这些从祖国四面八方聚集在一起的同志，尽管经历不同，但他们有一个共同的心声——发展祖国的航天事业。他们心往一处想，劲往一处使，同心协力，密切配合，保证了各项工作的顺利完成。

我国载人航天工程在中央专委直接领导下实施专项管理，即由装备发展部、国防科工委、航天系统部、中国科学院、中国航天科技集团公司、中国航天科工集团公司和中国电子科技集团公司等部门及单位，按照工程的科学技术流程和职能分工，组成跨部门、跨行业、高度集中统一的组织管理体系，包括航天员、空间站、空间应用、飞船、运载火箭、发射场、测控通信和着陆场等系统，涉及众多科技领域和部门，共有 100 多个研究院（所）、基地、高等院校、工厂直接承担研制、建设、试验任务；国务院有关部委、军队各军兵种和省市自治区 3000 多个单位的数十万人承担了工程协作配套和支援保障任务。三十年来，载人航天工程的实践证明，在正确的领导下，坚持“一切为载人、全力保成功”的核心理念和协同集智攻关的实际行动是工程得以成功的根本保证。

4.3.2 携手合作

4.3.2.1 基本要义

通常而言，一般情况下的携手合作创业主要指发扬团队精神，加强相互之间的沟通协调，共同承担问题以实现有效协同运作。对于航天人来讲，携手合作创业被视为一种必须坚守的精神和行为准则，尤其强调以大局为重、局部服从整体的精神，更强调主动担当乃至忍辱负重的实际行动和境界。这种精神已经广泛渗透到了航天工程研发与运营过程中，时时遵守、事事显现、随处可见。人与人之间、系统之间、单位之间、军地之间为了一个共同的目标，紧密协同、积极配合，不分主角还是配角，总是争挑重担，共担风险。

航天工程是大协作的结果。在航天工程团队中的岗位，从总设计师、主任设计师、主管设计师到一岗、二岗等，每一个岗位都是一份责任。每个人首先意识到的是，个人的业务能力是完成任务的基础，必须在工作中不断学习，打牢基础，练好本领，以免成为断点或短板，影响整个团队的效率和任务的执行与完成。同时，携手合作、共担风险对航天人来讲，就意味着积极面对问题、主动承担风险，特别强调在出现问题时，应该从全局利益出发，首先查找自己的问题，不推诿、不扯皮，更不怨天尤人。

4.3.2.2 行为实例

1992 年 3 月 22 日 18 时 40 分，牵动着海内外成千上万人心弦的“长二捆”携带“澳赛特 B1”点火后，因 I、III 号两台助推火箭发动机出现异常，被迫自动紧急关机，致使火箭推力不足，未能离开发射台。当时中央电视台向全世界进行了现场直播，目睹这一实况的全国电视观众一时在感情上难以接受。经过 17 个日夜的故障分析、试验和故障复现，查明故障原因是控制系统中的程序配电器控制点上有铝质多余物，助推器点火后，火箭启动器上的工作电流较大，使这个重量仅为 0.2 毫克的多余物高温熔化后造成控制接点短路，致使 I、III 号助推火箭发动机氧化剂副系统断流阀门提前关闭，由于推力在规定的时间内达不到额定值，发动机自动紧急关机。严峻的形势已将中国航天置于随时会被挤出国际卫星发射服务市场的危险境地，必须借用一次完美的成功重振信心、重铸信任。1992 年 4 月 27 日，国防科工委部署工作，确定发射"澳星"的第三发火箭 6 月 30 日出厂，8 月 20 日前择机发射。也就是说，从终止发射开始，航天人要在 100 天内再造一枚"长二捆"。一场大会战就此打响。据不完全统计，在这场大会战中，相关科研人员和生产工人累积加班达 10 万多小时，不少关键岗位的操作人员连续加班一个多月，没有一分加班费和任何形式的补贴。在会战过程中，人们互帮互学，舍小家为大家，奏响了一曲同心同德、共克时艰的壮歌。1992 年 8 月 14 日 7 时整，"长二捆"火箭准时起飞，14 分钟后，从西安卫星测控中心传来的参数表明，卫星成功入轨且误差远远低于允许值。更让中国航天人感到欣慰的是，此次"长二捆"的圆满成功为这一年的载人航天工程立项埋下了伏笔。

1992年3月22日，“长二捆”火箭发射“澳星”任务时自动紧急关机

4.4 语言与习惯

行业语言与习惯是同一行业人们共同活动中，通过长期沟通交流，逐步养成的习惯性言语表述和行为方式。一个人怎么说话、怎么做事，体现了其基本的价值取向。由于团队集体人格的现实存在，又会对其中的人员说话风格和行事方式产生强烈的同化作用，这些说话风格和行事方式就成了团队集体人格的外在表现。

4.4.1 行业语言

语言是文化的载体，语言的丰富程度代表了文化的成熟度。对于质量文化而言，一个行业的质量语言愈丰富，表明其质量文化的成熟度也愈高。术语是一个特定文化形态内经过长期的交流所形成的特有表达方式，术语甚至可以作为不同文化形态的区分标志。这些术语或语言表达习惯，能够清晰、准确、直观地表达被同行业所认可的理念、行为、活动或目的。

中国航天在长期工程实践中形成了很多独特的语言和术语，这些语言或术语言简意赅、耳熟能详，清晰准确地传递了已被普遍认同或需要遵循的观念、行为、方法等，极大提高了行业内部沟通交流的效率。例如，“三步棋”指交付、在研和预研，“三限拉偏”指额定、上限和下限拉偏的试验，“转阶段”指产品或系统从模样向初样、初样向试样设计阶段的转换，“两总”指总指挥和总设计师，“三大规范”指设计规范、工艺规范、验证规范，“总师系统”指总设计师（副总设计师）、主任设计师（副总设计师）、主管设计师和设计师。其他还有“三大精神”“预先研究”“模拟试验”“综合试验”“匹配试验”“留名制”“责任制”“各类评审”“技术状态”“技术状态控制”“技战指标”“可靠性指标与置信度”“可靠性设计与可靠性增长”“元器件筛选与老化”“元器件的五统一”“短弧段定轨”“关机与关机点控制”“落点预测”“第三方验证”“拒收拒付”“3F 技术”“归零标准”，等等。从中国航天长期的实践活动看，这些术语简洁凝练了航天活动不同阶段、不同领域最为核心的事项或务必落实的要求。通过这些语言环境的长期熏陶，将质量制度规范的精神，深入刻印在了航天人的心头，久而久之就成了其思想、精神和行动的一部分。

社团，或者说学会、协会、团体，对行业内语言习惯的形成有着重要的推动作用。社团内部具有强烈的文化认同意识，而社团的出现、成长本身就是行业文化发展到一定阶段的必然产物。以社团作为交流和传播媒介推进行业文化，可以对优秀的语言和概念起到催生、深化和普及的作用。社团是具有某些共同特征的人相聚而成的互益组织，社团中的人有着共同的文化观念和价值理念，并为着一个共同的目标齐心努力。社团的这种性质，对于推广、传播文化观念，提升社团所代表的行业知名度和影响力有着重要的作用。目前，航天领域有很多专业的社团，如航空学会、宇航学会等行业学会，以及惯性器件协会、遥感协会等专业技术协会。这些专业社团在中国科学技术协会的指导下，为国家科学技术的发展发挥了极大的促进作用。

4.4.2 行为习惯

行为习惯是“自动化”了的行为方式，它是一定时间内，在外部环境和氛围的熏陶下逐步培养起来的。行为习惯不仅仅是“自动化”的动作和行为，它更是行为习惯拥有者内心情感、思维取向、文化认同的外在体现。行为人所处的文化形态，对于其行为习惯的建立有着潜移默化、正向加深的推动作用。对于航天人而言，充盈在航天领域内的氛围，或者说航天文化生态，铸造了航天人的行为习惯。航天人在长期的工程实践中，已将“不断超越”“求真务实”“和衷共济”“零缺陷”“一次成功”等质量行为文化融入血脉，并成为自身日常行为习惯的一部分，这些行为习惯深刻映射了航天人所秉持的工作作风、价值追求，以及对质量这一无处不在、无时不在的关键要素的基本态度。这里，对在几代航天人之间传承延续的行为习惯做一简要摘录，以展示中国航天领域质量文化的一个侧面。这些行为习惯，首先表现为人员在质量活动中必须严格遵守的基本要求，通过长期、反复的实践磨炼，成了航天人习惯性的思维方式和行为方式，由此奠定了“一次就把事情做好”的质量控制的坚实基础。

（1）一字诀

一次把事情做对做好；一切为了成功，而且必须一次成功。

（2）“双岗”“双想”

“双岗”：关键岗位设双岗，一岗负责操作，二岗负责监督确认。

“双想”：即回想和预想。回想就是事先回顾已做工作，反思哪些措施未落实、哪些工作未到位，针对不足改进；预想就是预先推想后续工作，针对可能发生的新情况、新问题，预先制定措施、完善方案。火箭不点火，“双想”不停止。

（3）“三个吃透”“三个再认识”“三检查”“三比”“三严”“三抓”“三不带”“三共享”

三个吃透：吃透技术、吃透状态、吃透规律。

三个再认识：对从源头抓起的再认识，对成熟产品和技术的再认识，对产品测试和质量控制方法的再认识。

三比对：纵向与历史数据进行比对，横向与同类任务数据进行比对，关联向与相关产品和数据进行比对。

三检查：一岗检查、二岗检查、指挥员检查。

三严：严格岗位责任制，严格质量确认制，严格操作规程制。

三抓：抓状态确认、抓过程控制、抓阶段把关。

三不带：人员不带思想问题参战，设备不带隐患问题参试，产品不带质量问题上天。

三共享：方法共享、经验共享、成果共享。

（4）“四个重新”“四熟悉”“四不乱”“四不放过”“四共同”“四不到四到”

四个重新：重新认识、重新设计、重新复查、重新试验。

四熟悉：熟悉主管装备、熟悉操作规程、熟悉方案预案、熟悉接口关系。

四不乱：聚精会神不乱想、专心致志不乱看、坚守岗位不乱走、严守规程不乱动。

四不放过：测试参数不合格不放过，测试结果有疑点不放过，设备性能不稳定不放过，故障排除不彻底不放过。

四共同：有问题共同商量，有困难共同克服，有余量共同掌握，有风险共同承担。

四不到四到：测试不到验收要到，验收不到工序检验要到，工序检验不到工艺保证要到，工艺保证不到人员保障要到。

（5）“五统一”“五会”“五按”“五不操作”“五交集”

五统一：航天产品元器件使用要统一选用、统一采购、统一监制验收、统一复验筛选、统一失效分析。

五会：会操作使用、会默画电路图、会分析故障、会写技术报告、会维护检修。

五按：按程序精心指挥、按规程精心操作、按方案精心实施、按预案精心处置、按责任精心把关。

五不操作：没有指挥不操作、口令不清不操作、设备有故障不操作、协调不好不操作、不是自己分管的设备不操作。

五交集：“状态有变化、质量有前科、测试不到位、单点失效、上天有动作”，以此五种情况作为质量关注的焦点，对不同的状态交集赋予不同强度的关注度。

（6）“六原则”“六讲”“六防”“六严格”

六原则：方案准确可行合理、设计简洁准确可靠、系统协调匹配兼容、试验充分覆盖有效、产品受控合格稳定、操作正确协同无误，是型号质量工作必须坚持的六项原则。

六讲：讲形势、讲使命、讲问题、讲优势、讲责任、讲纪律。

六防：思想上防松、情绪上防躁、作风上防疲、行为上防骄、工作上防粗、执纪上防软。

六严格：严格技术交底产品交接、严格状态确认文书会签、严格参数测试数据判读、严格过程控制节点把关、严格问题归零责任追究、严格回想预想复核复查。

（7）“十新”

新技术、新材料、新工艺、新状态、新环境、新单位、新岗位、新人员、新设备、新流程，即在质量活动中，凡遇新情况就要特别关注、高度重视，并进行反复的检验。

（8）“十种情况处理”

初次上阵不慌张、受到批评不泄气、碰到困难不畏缩、任务顺利不麻痹、排除故障不急躁、动作简单不草率、时间紧迫不蛮干、取得成绩不骄傲、发生问题不埋怨、撤收结尾不松懈。

（9）“保密十不准”

不该说的秘密不说，不该问的秘密不问，不该看的秘密不看，不该带的秘密不带，不该传的秘密不传，不该记的秘密不记，不该存的秘密不存，不随意扩大知秘范围，不私自复制、下载、出借和销毁秘密，不在非保密场所处理涉密事项。

（10）“十不原则”

任务明确不糊涂，责任落实不推诿，管理到位不越位，加强调度不包办，协调及时不拖拉，信息反馈不截流，狠抓质量不放松，严格验收不讲情，监督考核不马虎，奖励落实不食言。

（11）工作习惯养成

向上限看齐、用数据说话、跟自己较劲、想明白再干。

（12）“十二有”

进入现场有岗位，每个岗位有职责，工作之前有“双想”，操作之时有规程，数据测试有判读，检查验收有标准，状态确认有签字，节点把关有依据，问题分析有结论，紧急情况有预案，阶段工作有报告，任务之后有总结。

这些工作要求，看似简单，但每一条都是从工作实践，或者说从失败教训中总结出来的，甚至有人为此付出了生命的代价，这是来自航天活动的第一线，是对客观事实最直接的反映和体现，必须要坚决、不打折扣地遵循。

参考文献

[1] 昂海松，童明波，余雄庆. 航空航天概论（第二版）[M]. 北京：科学出版社，2015.

[2] 刘家騑，立晓敏，郭桂萍，等. 航天技术概论 [M]. 北京：北京航空航天大学出版社，2014.

[3] 徐广州，等，发射指挥技术 [M]. 北京：国防工业出版社，2003.

[4] 崔吉俊，等. 航天发射试验工程 [M]. 北京：中国宇航出版社，2010.

[5] 徐克俊，等. 发射工程学概论 [M]. 北京：国防工业出版社，2003.

[6] 孙冀伟，张涛，刘佳雯，唐亚刚. 浅析中国运载火箭的商业化发展 [J]. 航天工业管理，2017（1）：4.

[7] 白明生，石泳，张健. 国外商业航天的发展与启示 [J]. 中国航天，2015（11）：11.

[8] 王献雨. 商业航天质量管理研究 [J]. 质量与可靠性，2017（4）：54-57+67.

[9] 查维雄. 商业运载火箭助推太空经济 [R]. 第四届（国际）商业航天高峰论坛，2018-09-26.

[10] 贺鹏梓. 商业火箭前行不易 [J]. 商业航天动向，2016（12）：56.

[11] 郭健. 中国商业航天现状的思考与建议 [J]. 卫星与网络，2017. 03.

[12] 宋永生，周非，魏凯，等. 新型固体运载火箭发射流程及计划管理 [J]. 导弹与航天运载技术，2016（6）：36-39.

[13] 陆晋荣，董学军. 航天发射质量工程 [M]. 北京：国防工业出版社，2015.

[14] 张梅. 航天质量文化的认识与思考 [J]. 航天工业管理，2020（10）：27-29.

[15] 孙威，李长勋，赵志刚，等. 航天器发射场精细化管理与质量文化建设实践 [J]. 质量与可靠性，2020（3）：21-25.

[16] 于俊娣. 质量文化成熟度评价模型的应用实践 [J]. 中国质量，2021（2）：102-108.

第5章

航天质量物质文化

航天质量物质文化泛指人们能直接感受到的代表航天质量文化状态的物理存在。本章从文化与物质的依存关系，航天实践活动所信赖的环境条件，航天品牌特性及其典型代表，从事航天事业的航天人，为社会大众熟知的航天产品和人文载体等六个方面讨论新时代航天特色质量文化的内容。

5.1 依存

文化必须以物质世界为基础，其水平和层次的高度反映了人们改造物质世界能力的大小。作为文化的一个特定形态，新时代航天特色质量文化必须建立在一定的物质基础之上，而特定的物质形态则构成了航天质量文化的物质基础部分。航天质量物质文化是指航天实践活动所依赖的环境条件、生产工具、航天产品和从事航天实践活动的航天人自身，以及航天领域所提供的、被广大社会大众所认同和熟识的品牌与服务。航天质量物质文化体现和承载了质量文化精神、制度和行为层面的内容与要求，为质量法规制度、行为规范体系和质量激励与约束机制的有效运行提供物质保证和环境氛围，包括以高知名度、高美誉度的品牌标志所体现的良好质量可信度，以一流的专业机构、一流的人才队伍、一流的工作设施、一流的业务水平、一流的工作环境来保证的一流的产品和服务质量与航天任务的高成功率。航天质量文化建设、培育、发展和实践应用的最朴素的目的，在于“以物保质”。

物质是精神的根基，物质不会自述但却会用自己特有的方式显现出所蕴含的精神价值，这种精神价值会产生强烈的震撼并激发巨大的认同感。20 世纪 90 年代初，在酒泉卫星发射中心一间普通的机房内，曾有一台看似很不起眼的仪器——稳压器，外观笨重，黑魆魆的，用现在的眼光看，无论是外形设计还是采用的技术，都是过时的，属于被淘汰的对象。但就是这样一台不起眼的仪器，其输出电源的品质却异常好；打开仪器后盖板，布线横平竖直，标识清晰规范，让人叹服不已，心头钦佩油然而生。一看就知道，当初这台仪器的制造者在装配的整个过程中，自始至终保持了高度的认真和专注。基于此，这样一台生产于 20 世纪 60 年代末的仪器，在 20 世纪 90 年代依然保持着良好的性能，也就不足为奇了。

类似的情景，在航天领域随处可见。技术可能不是最先进的，但航天人却将发自内心深处的、高度的事业心和责任感，深深注入正在从事的工作之中。正因为将专注的精神运用到了极致，才使得产品和设施呈现出了精巧的构思、稳定的状态、可靠的性能，达到了那个时代能够达到的最高水准。即使用现在的眼光看，除了在应用技术上有改进的空间外，其性能的稳定性和状态的可靠性仍能完全满足工作需要。这种将智慧的力量运用到极致的精神和作风，被中国航天人一代代传承和延续下来，成为今天航天人精神文化密不可分的一部分。精神和物质是相互依托的，走时精准的钟表必然出自高度敬业与专注的工匠之手。中国航天之所以能够在一穷二白的条件下冲破技术壁垒发展并壮大起来，之所以能够精品迭出，完全是因为一代又一代航天人为之倾注了巨大的热情和持久的专注。

一个产品质量的优劣，固然由很多的客观条件所决定，但是，在所有因素之中有一条发挥着不可替代的作用，那就是产品的制造者或装配者是以什么样的精神状态和工作态度投入到产品的生产和装配过程中的。航天精品的产生，自然与航天人的知识储备和技术水平相关联，同时航天人强烈的责任意识和对质量的不懈追求，也是产生高质量航天产品与服务不可或缺的前提条件，更是激发了中国航天人不断取得辉煌成就和伟大业绩的激昂情怀。

5.2 环境

对我国航天发展历史和现状有所了解的人都知道，我国的航天发射中心，特别是航天事业初创时期的试验基地，大都建设在人烟稀少的地方，如新疆马兰、甘肃酒泉、山西太原和四川西昌等，或在沙漠戈壁深处，或在深山谷地之中，无一不是远离人声喧闹的边远地区。曾经在很长一段时间内，因交通条件极为恶劣，进出这些试验基地都是一件颇为困难的事情。即便到了20世纪90年代，酒泉卫星发射中心所属专列，从中心到达与兰新铁路交会的一个被称为清水的小站，短短三百来公里的路程，火车要运行十多个小时，并且铁路常常被铺天盖地的沙暴所阻断：手握铁锹的战士清理出一段铁轨，火车就向前运行一段。而抵达地处罗布泊的马兰中心，就更为困难了，“上无飞鸟，下无走兽，复无水草”。是的，这里罕有飞鸟、走兽、水草，但这里却有伟大的事业和冲天的干劲。

20世纪五六十年代，“清绿铁路”修建时的场景

由于工作需要，特别是在中国航天事业的发源地酒泉和马兰，广布着或几个人、或数十人的工作点位，这样的点位被称为点号，

绝大部分连名字都没有，仅用数字序号命名，它们的存在有的已经几十年了，“人稀号小无闹市，志广歌多有事业”，这是点号的写照，也是整个航天事业的写照。

曾经的航天发射场“点号”

航天中心建在荒无人烟的地方，是由航天发射活动的高风险性所决定的，只有在这些地方才能将航天发射所带来的对人民群众生命财产和社会生产活动可能造成的危害降到最低。也正是因为航天发射中心大都处于偏僻的地方，在保证相关发射活动顺利开展的同时，需要从事航天事业的人们长年累月生活在这里，客观上给他们的生活和家庭造成了巨大的困难和影响。“死在戈壁滩，埋在青山头”“献了青春献终生，献了终生献子孙”是那个年代航天人工作生活的生动写照。即便是在科学技术飞速发展、国家实力大幅提升、航天发射中心生活条件有了巨大改善的当下，与绝大多数地方相比，航天人依然要面对相对艰苦的工作、生活环境。

人的精神和意志与其长期生存的地理环境有着极为密切的关系。经过数十年的不懈努力，如今的航天发射中心与初创时期已不可同日而语，交通、工作、生活等环境条件大幅改善。在新的发展建设理念主导下，在满足任务需求的同时，为奋战在一线的航天人提供了良好的生活工作条件。这与以往高度关注任务实现所需的环境条件，忽视或将人员工作生活条件置于次要位置的理念有着显著不同。航天设施设备部署点位在满足任务需求的同时，能否离城市更近一点？在重点保证建设需求的同时，人员的生活条件能否更好一些？这些考虑充分体现了与时俱进的航天事业发展理念。

地理环境对生活在其中的人们的行为习惯具有巨大的、持久的塑造作用。一代代航天人在强烈的献身国防、奋发图强意愿的感召下，心甘情愿舍弃都市的繁华，身处大漠戈壁之中，“干惊天动地事，做隐姓埋名人”。伟大的事业铸造了中国航天人独有的精神世界和文化情怀，艰苦的环境磨炼了他们的意志，匮乏的物质条件激发了他们的斗志，无论是在艰难困苦、“一穷二白”的年代，还是在外部势力围堵打压的极端形势下，他们创造出了中国人自己的辉煌业绩：“两弹一星”、神舟飞船、天宫空间站、探月工程、北斗导航、祝融探火……

戈壁明珠——东风航天城

5.3 品牌

5.3.1 品牌作用

品牌反映了消费者对于某类产品和服务的认知程度，以及对后续系列产品和服务的忠诚程度。试想一下，当面对出售同一产品的不同商店时，消费者会做何选择呢？显然，选择的结果必然是认同度和忠诚度高的那一家门店。这就是品牌对消费者的引领作用，并且这种引领作用有着巨大且持久的影响力，会对消费者产生强劲的黏合力，除非发生重大变动，一经形成往往是很难改变的。

品牌的核心特性，是品牌拥有者的产品和服务区别于竞争对手的优势，能为目标受众带去不同于竞争对手的价值和体验，具有很强的耦合作用和稳定性，并且会随时间的推移逐步得到加深和加强。这种价值和体验体现在功能与情感两个方面。功能上，消费者对品牌的认可意味着信任品牌所提供的服务或产品的质量；情感上，消费者对品牌的追随则体现了消费者对品牌的认可和忠诚的程度。培养和建立消费者的认可和忠诚，是一个长期的过程，要求产品的提供者必须始终高度关注其产品和服务的品质。通俗地讲，品牌反映了品牌受众愿意付出多大的代价以获取品牌拥有者提供的产品或服务。作为一种无形资产，品牌通过产品、名称、符号以体现和承载其独有的特质，并以此为媒介产生对于品牌受众的吸引、凝聚和固化。

一流品牌意味着高质量、高可靠以及高可信度。中国航天在创立一流品牌形象和一流品牌效应的同时，也为中国航天文化培育塑造了一个特殊的、具有重大感召力和影响力的文化符号。一流品牌是航天科技工业国防实力和自主创新能力的标志，是高品质、美誉度和综合实力的体现，更是高附加值的重要载体。中国航天这一品牌的内涵中浓缩了中国航天事业自创立以来所累积的全部辉煌成果，是全体航天人乃至全体中国人共同的精神财富。更为主要的是，中国航天这一品牌，是中国航天的文化符号，代表着在中国航天从无到有的建设过程中所经历的可歌可泣的奋斗历程，代表着在中国航天从弱到强的奋斗历程中付出智慧乃至生命的一代代航天人，代表着中华民族不屈不挠敢于向巅峰攀登的奋斗精神。它能够激发强烈的民族自尊心、自豪感、自信心，能够唤起人们强烈的投入与追随愿望。在中国航天领域奋进的大军中，许多人就是被飞腾的火箭那动人心魄的轰鸣所激发，“自信人生二百年，会当击水三千里”，满怀豪情地投入航天事业的。

5.3.2 个性特征

中国航天品牌具有一般性特征和个性化特征。一般性特征表现在：一是整体性，即航天品牌是一个由航天领域的诸多因素组成的有机整体，是中国航天在人们心目中的总体印象和集中体现；二是客观性，即航天品牌是人们在获得与其相关的大量信息后所形成的综合印象，是客观事实在人们内心的真实反映；三是主观性，航天品牌是在航天工程等物质基础上形成的，具有客观的现实基础，但是作为评价主体即社会公众来讲，对航天的认识、评价带有主观因素，是社会公众对中国航天情感的汇集和凝练；四是相对稳定性和塑造过程的动态性，航天品牌一经形成，便具有相对的稳定性，但从航天品牌的塑造、形成、发展的历程来看，它又具有动态性和时代性，会伴随时代发展而不断自我扬弃。

认识中国航天品牌，必须特别关注中国航天品牌的个性化特征。文化形态的建立必须依赖于其所处的环境条件和物质基础，而环境条件和物质基础的差别使特定的文化形态必然带有鲜明的、区别于其他文化形态的独有特性。中国航天文化根植于中华民族的历史、地理、社会和文化的沃土上，就必然带有清晰的个性化特征。作为中国航天质量文化的个性标签，中国航天品牌的个性化特征即源于航天事业本身的特殊性，同时也源于中国航天独有的发展历程，以及中国特色的物质、文化环境对中国航天的铸造与塑形。中国航天品牌的个性化特征表现为，中国航天品牌是自强不息的民族精神的突出代表，是中华民族屹立于世界民族之林的自信心的独有表现，是富有中国特色的举国体制、齐心协力办大事的特有优势的生动体现。

中华民族在历史上长期备受列强的压迫、欺凌和侵略。曾几何时，外国人在中国的大地上干着在自己国家里做不出来的事情，享受着在自己的国家里不曾享受过的特殊待遇。中国人被视为“东亚病夫”、二等公民，似乎中国人除了种地和劳役之外，便没有能力和智慧做出其他成就和业绩了。恰恰是以“两弹一星”为代表的一系列国防工程的横空出世，将所有的偏见、轻视和不屑一扫而空，彻底证明了中国人是有能力、有智慧做出惊天动地的伟业的。外国人能做到的，我们也能做到，而且能在相对较差的条件下和更落后的基础上做得更好。戈壁滩上升腾而起的核弹爆炸烟尘，响彻宇宙的嘹亮歌曲“东方红”，翱翔于太空的载人空间站，覆盖全球的北斗导航，就是一张张闪亮的名片和符号，成为中国人新身份的绝好证明。

长征五号托举着载人空间站梦天实验舱发射升空

在探索太空的征程上，毋庸讳言，中国航天人是后来者，但更是不屈不挠的奋进者和砥砺前行的探索者。中国航天人能做成事，更能做好事！这种自信，靠空喊口号是喊不出来的，必须建立在磐石般的实力和业绩之上。航天专家任新民曾到访美国，美国国家航空航天局局长明确告诉他："氢氧发动机是美国国家技术机密，不能看，也不能谈。"去日本时，也被告知"不能与中国谈 H-2 火箭的合作与交流。"技术没有达到超越或同等的水平，人家连谈的兴趣都没有。当中国的火箭研制成功后，日本人、法国人主动找上来了，以往不能研讨的问题再无禁忌。美国人也赞叹："中国搞得有特色，也很巧妙。"这就是实力的表现，这种自己拼搏出来的实力，助推着中国航天从无到有、从小到大，并一步步向航天强国迈进。"中国的卫星能飞多高，海外华人的头就能抬多高"——20 世纪 90 年代一位海外华人的慨叹，这种自信心和自豪感，现如今依然不断被中国航天一个个耀眼的业绩重复和刷新着。

在20世纪60年代困难时期，一辆向导弹基地运送粮食的列车被饥饿的人们一抢而空。当知道这些粮食是给导弹基地的，老百姓们又默默将粮食送了回来。20世纪80年代，为保证向太平洋预定海域发射运载火箭专用通信保障线路的安全，上千公里的通信线路上，每一个电线杆下都站着一名护线员。进入21世纪，为保证载人航天发射场急需的特种电缆的生产，多个厂家为此不惜成本以保证如期供货。这种全国支持的“举国体制”充分体现了社会主义制度的优越性，显示了在中国共产党领导下“团结一致，集中力量办大事”的独特优势，也是中国特色航天品牌的最主要特点之一。这种心系航天，急航天之所急的热情和精神，在人类的航天史上不曾有过！这就是中国航天强力而持久的感召力。

中国航天品牌的个性化特征就在于它是航天精神风貌的现实体现和举国关注的焦点所在，它不仅是航天人的品牌，而且是全中国人共同拥有的品牌。中国航天发端于落后、薄弱的基础之上，并且从创建之初到今天，始终面对着外部势力的封锁和打压，虽然也曾经出现过缓和的迹象，但仅仅持续了一个极短的时期，时至今天，这种封锁和打压更是日益严重。因此，我们完全可以说，中国航天就是中国人自己的民族品牌，完全是自力更生、艰苦创业的结果。中国航天人在“一穷二白”的画板上画出了最美丽的画卷，创造了以“两弹一星”、载人航天为代表的伟大业绩。中国航天人在筚路蓝缕的创业历程中，将“中国航天”，打造成了一个响亮的、优质的民族品牌，并不断刷新纪录，阔步向世界航天科技的巅峰迈进。

天问一号绕火星飞行

5.3.3 典型代表

经过六十多年的发展建设，中国的航天事业从无到有、由小变大、由大向强，构建了专业齐全、功能配套、设施完备的航天工业体系，走出了一条符合中国国情的创新发展之路，创建了令世人赞誉的航天品牌，典型代表有跻身世界一流的长征火箭家族、实现系列化发展的应用卫星、光耀太空的载人航天、令世人赞誉的探月工程和远征火星的“祝融号”等。

（1）跻身世界一流的长征火箭家族

我国先后自主研制出 10 余种不同型号的运载火箭，形成了长征和快舟火箭系列型谱，包括长征二号、三号、四号、五号、六号、七号、八号、十一号等典型型号。中国的运载火箭走过了从常规推进到低温推进、从串联到捆绑、从一箭单星到一箭多星、从发射卫星载荷到发射飞船、空间站等多类型载荷的光辉历程，具备了低、中、高不同轨道以及不同类型空间系统的发射能力，成为我国具有自主知识产权和较强国际竞争力的高科技产品。运载火箭技术的巨大进步不仅有力推动了中国航天运输系统的发展，而且有力推动了我国应用卫星技术及卫星应用技术的发展，促成了我国载人航天工程的起步，同时对扩大我国航天领域对外合作，增强中国的科技实力、国防实力和民族凝聚力，起到了不可低估的重要作用。

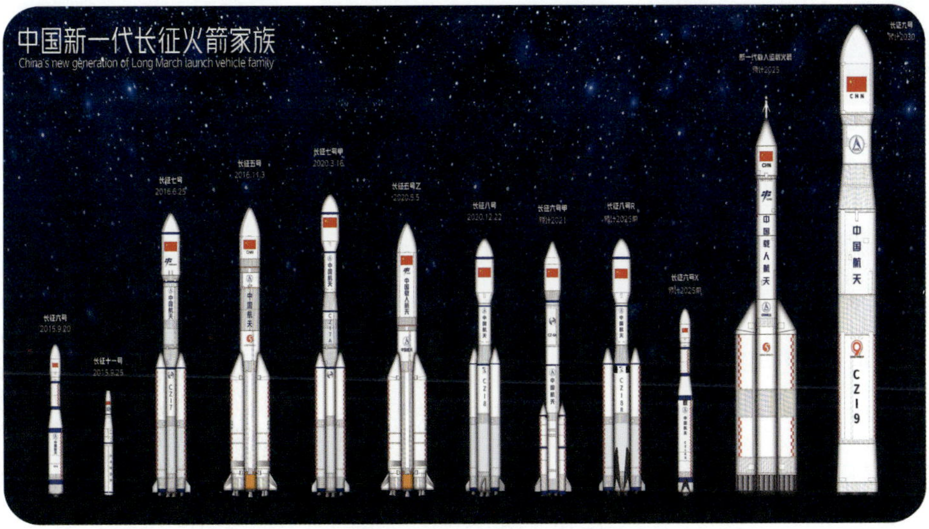

长征系列运载火箭型谱

（2）系列化发展的应用卫星

目前，我国已经形成了返回式遥感卫星、广播通信卫星、气象卫星、资源卫星、导航卫星、科学探测卫星和技术试验卫星等系列，建成了卫星通信广播、卫星气象观测、卫星普查和卫星导航等系统。特别是通信卫星、地球资源卫星、气象卫星和导航卫星等系统投入使用后，因其工作稳定、性能良好，已广泛应用于经济、科技、文化和国防等各个领域，为我国国防现代化和国民经济建设提供了不可或缺的支持。卫星系列的完备化，不仅实现了外星的搭载、发射，而且实现了卫星的整星出口，以及卫星、火箭与测控服务的全线出口。实施卫星“走出去”战略，进一步带动了我国遥感卫星、运载火箭、地面应用、数据和图像处理等领域相关产业联动发展，对于拓展我国商业发射服务市场，推动我国航天强国建设，加强国际航天高科技交流合作，具有重要而深远的意义。

悟空号、墨子号、慧眼号，一批冉冉升起的“科学新星”

（3）光耀太空的载人航天

中国载人航天工程自 1992 年启动以来，先后攻克了运载火箭技术、飞船总体技术、飞船制导控制技术、飞船推进技术、返回和再入技术、空间站建造技术、载人空间交会对接技术等国际宇航界公认的技术难题，20 多项技术达到国际先进水平。2003 年 10 月 15 日至 16 日，航天员杨利伟乘坐我国自主研制的“神舟五号”载人飞船进入太空，标志着首次载人航天飞行取得圆满成功。2021 年 6 月 17 日 9 时 22 分，航天员聂海胜、刘伯明、汤洪波乘坐“神舟十二号”载人飞船进入太空，于 18 时 48 分先后进入我国自主研发的天和核心舱，预示着中国人从此拥有了自己的空间站。2022 年 11 月 30 日 7 时 33 分，“神舟十四号”航天员乘组与“神舟十五号”航天员乘组在天宫空间站实现首次太空会师，标志着中国载人空间站建造任务圆满收官。载人航天工程的顺利推进，极大增强了中华民族的自豪感和凝聚力，提升了中国的国际地位，对增强中国的经济实力、科技实力，对中国航天事业和可持续发展战略形成了巨大的推动作用。

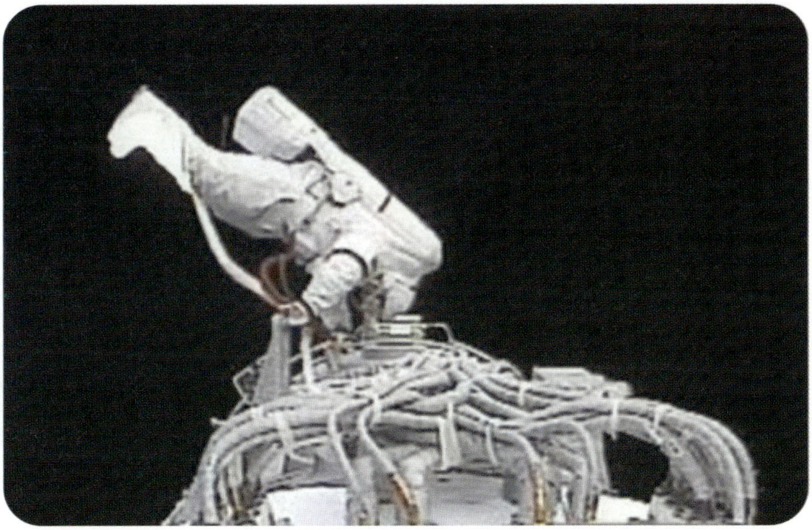
中国航天员首次太空行走

（4）举世赞誉的探月工程

2004年，我国正式开始月球探测，并命名为探月工程。探月工程分为“无人月球探测”“载人登月”“建立月球基地”三个阶段。2007年10月24日18时05分，嫦娥一号成功发射升空，在圆满完成各项使命后，于2009年按预定计划受控撞月。此后的嫦娥二号、嫦娥三号、嫦娥四号均圆满完成了既定的任务。2020年11月24日4时30分，长征五号遥五运载火箭成功发射嫦娥五号，揭开了中国首次地外天体采样返回之旅。2020年12月1日，嫦娥五号探测器成功在月球正面预选着陆场着陆。2020年12月7日，嫦娥五号返回器携带月球样品，采用半弹道跳跃方式再入返回，在内蒙古四子王旗预定区域安全着陆。至此，探月工程第一阶段“绕、落、回”的任务全部完成。探月工程聚焦“自主创新、重点跨越、支撑发展、引领未来”的目标，“一张蓝图绘到底”，“一条龙”攻关攻坚，“一盘棋”协同推进，“一体化”迭代提升，实现了“六战六捷”。

（5）远征火星的“祝融号”

天问一号火星探测器于2020年7月23日发射，2021年2月到达火星并成功被火星引力捕获。在火星轨道经历了三个月“养精蓄锐”的运行后，天问一号实施降轨，完成着陆巡视器与环绕器分离。2021年5月15日，经过惊心动魄的9分钟，中国首个火星车“祝融号”成功穿越火星大气层，着陆于火星北半球的乌托邦平原南端。截至2021年11月9日，“祝融号”火星车在火星上面已经取得了突破性进展，成功完成了火星巡航工作，收集了火星表面的土壤，传回了众多关于火星的照片。这是一次伟大的星际之旅，中国成为人类历史上第三个顺利登陆火星的国家，为人类探索宇宙开创了新的机遇。

“祝融号”火星车在火星上巡回

5.4 航天人

航天人，是对一代代前赴后继从事中国航天事业的人们的统称。我国对于包括航天在内的高科技领域的探索起步于20世纪50年代。当时，新中国成立尚不足十年，朝鲜战争刚刚结束，正是国家基础条件极为贫乏的时期。一大批漂泊在外的世界级科学家争先回到祖国的怀抱，投身国防尖端科技的攻坚之中。以他们为表率，这支向着科技高峰攀登的队伍不断成长、壮大，在深山、在大漠、在高原，凭着对祖国无比的忠诚、对事业无限的热爱，奉献出了自己的聪明才智乃至宝贵的生命，在饭都吃不饱的极端困难的条件下，创造了中国航天科技史上一个又一个辉煌。这支队伍始终与时代同呼吸共命运，始终充满了昂扬的朝气，始终激荡着蓬勃的创新活力。他们在事业的奋斗历程中同步创造的可贵的精神财富，始终与时代的主旋律相合拍，已经成了伟大的民族精神不可分割的一部分。航天人，这一平凡又伟大的群体，已经成了一个精神的、文化的、中国的活生生的符号，永葆长青。

5.4.1 人才队伍

一个有希望的民族不能没有英雄，一个有前途的国家不能没有先锋。当前，我国比历史上任何一个时期都更接近实现中华民族伟大复兴的宏伟目标，也比历史上任何时期都更加渴求人才。中国航天自诞生的那一天起，就不乏英雄和先锋，这是一个吸纳英雄和先锋，同时又不断培养塑造英雄和先锋的伟业。

中国航天的发展历程，是一个事业创建的过程，也是一个人才培养塑造的过程。任何一个事业，没有人才就没有现在，更不会有未来。中国航天之所以能取得举世瞩目的成就，根本的原因就在于拥有一批优秀的人才。中国航天坚持人才高度就是事业高度，把人才的培养作为人才队伍建设的核心内容和战略任务，坚持将人才发展与中国航天科技工业的发展通盘考虑、同时部署。针对专业技术人才和技能人才建设，提出了高层次人才聚集、创新性人才开发、高技能人才培育等多项重大人才计划。一批批人才队伍快速形成，保证了中国航天事业蓬勃发展、永葆青春。

1999 年 9 月 18 日，在中华人民共和国成立五十周年之际，党中央、国务院、中央军委隆重表彰为中国“两弹一星”事业做出突出贡献的 23 位科技专家，他们的名字已经深深镌刻在中华人民共和国的丰碑上。这 23 人，具有深厚的科学素养，长期奋战在科研第一线，视野开阔，前瞻性判断力、跨学科理解能力、大兵团作战组织领导能力极强，是当之无愧的战略科学家；他们是科学家，更是战略家，是科技人才中的“帅才”，是引领了科技前沿布局、带动了重大领域创新的“关键少数”。他们是：

中国氢弹之父、著名核物理学家——于敏；

中国光学事业奠基人之一——王大珩；

中国卫星与返回技术专家——王希季；

中国工程科学界支柱性科学家——朱光亚；

中国卫星事业开拓者——孙家栋；

中国航天的“总总师”——任新民；

材料科学家——吴自良；

中国卫星测量、控制技术奠基人之一——陈芳允；

金属物理学、材料科学、工程物理学家——陈能宽；

空间自动控制学家——杨嘉墀；

理论物理、粒子物理学家——周光召；

我国航天事业奠基人——钱学森；

共和国神剑铸造者——屠守锷；

著名火箭与导弹控制技术专家——黄纬禄；

中国核武器事业开拓者之一——程开甲；

理论物理基础与应用研究专家——彭桓武；

中国核科学奠基人和开拓者之一——王淦昌；

核物理学家——邓稼先；

气象学家、空间物理学家——赵九章；

冶金学、航天材料专家、火箭材料及工艺技术专家——姚桐斌；

空间技术和空间物理专家——钱骥；

中国原子能科学事业创始人——钱三强；

力学家、应用数学家、空气动力学家——郭永怀。

历史总是在不期之间重复相同的一幕。2003 年 10 月 15 日，神舟五号载人飞船飞行任务取得圆满成功后，钱学森讲到，中国航天事业顺利完成由第一代航天人向第二代航天人交接。中国航天事业在第二代、第三代航天人的努力下，继“两弹一星”之后，在迈向“航天大国”“航天强国”的征程上，不断创造着新的纪录。这期间又涌现出一大批在各领域做出突出贡献的领军型科学家，他们中的典型代表有：

载人航天工程开创者之一——王永志；

载人航天工程总设计师——周建平；

探月工程总设计师——吴伟仁；

长征三号运载火箭首任总设计师——龙乐豪；

长征四号运载火箭首任总设计师——孙敬良；

长征五号运载火箭首任总设计师——李东；

长征六号运载火箭首任总设计师——张卫东；

长征七号运载火箭首任总设计师——范瑞祥；

长征十一号运载火箭首任总设计师——彭昆雅；

快舟一号甲首任总设计师——梁纪秋；

神舟载人飞船首任总设计师——戚发轫；

天舟货运飞船首任总设计师——白明生；

嫦娥一号、二号总设计师——叶培建；

嫦娥三号、四号探测器系统和天问一号总设计师——孙泽洲；

嫦娥五号探测器系统总设计师——杨孟飞；

北斗一号卫星系统总设计师——范本尧；

北斗二号卫星系统总设计师——杨慧；

北斗三号卫星系统总设计师——谢军；

北斗卫星导航系统总设计师——杨长风。

这份沉甸甸的名单，还可以列得很长很长……。以众多卓越的科学家为引领，中国航天更拥有一支庞大的、默默无闻的科技工作者队伍，他们中有技术尖兵、有能工巧匠，共同构筑了中国航天坚实的人才方阵。

中国航天人，无论管理者、科学家、工程师或者技术员，职务有高低，作用有大小，但每一个人都如螺丝钉一般数十年如一日钉在自己的岗位上，将最美的年华奉献给了中国航天这一伟大的事业！

天舟六号飞行任务决战誓师大会现场

5.4.2 职工群体

“人尽其才，才尽其用，用当其时”。航天是高科技聚集的产业，高科技必须以高素质人才为支撑，但人才并不仅仅指科学家，不仅仅指那些在航天各领域独当一面的专家。人尽其才则百事兴，这是中国航天的人才观。

中国航天领域活跃着一个特殊的群体——职工。在我国航天事业开始的那一天，一大群普通却又不普通的人们，或离开江南水乡，或告别繁华都市，来到了祖国大西北茫茫沙漠戈壁的深处，从此就安了家、扎了根，把自己乃至自己的儿女，都留在了这里。说他们普通，是因为他们始终默默无闻，即便是今天，许多人甚至都不知道有那样的一批人曾那样地生活过；说他们不普通，是因为他们个个都是能工巧匠，有一手别人难以比肩的绝活，车、铣、刨、磨，样样精通，钻、镗、冲、削，件件拿手；他们是安装工、维修工、养护工、锅炉工……

当荣誉的光环聚集在著名的科学家和英模代表身上的时候，我们不应忘记这些名不见经传的普通人，没有他们，同样不可能有中国航天今天的辉煌。酒泉航天发射中心曾有一位名叫孔继明的老师傅，机械安装技术极为精湛，许多装备研究院所在设备安装过程中束手无策的机械问题，他都能想出简单却又巧妙的解决办法，百试不爽；听一听开过身边的车辆的声音，他就能知道该车存在什么问题，应该怎么修理，让人叹服不已！孔师傅是山东济南人，1963 年来到中心从事特装修理工作，曾 5 次荣立三等功，1985 年被国防科工委评为先进工作者，1989 年被国务院授予“全国先进工作者”荣誉称号。

薪火相传，在航天科技队伍中是如此，在航天职工群体中也是如此，精神传承和技术创新的道路，从来就没有中断过！

蒋庆群，航天发射中心锅炉检修高级技师。29 年来，他在单调枯燥的岗位上默默坚守，保障着历次发射任务的用电安全。任务期间与同事们 24 小时在高温、高噪声、高粉尘的环境里监控发供电设备的正常运转。为确保发电生产更加安全、经济、高效，只有初中学历的他不断尝试小发明、小创造。2013 年，他设计出一套蒸汽吹灰装置，实现了不停炉即可清扫叶轮表面积灰，并获得国家实用新型发明专利。2015 年，他牵头完成循环流化床技术在联调锅炉再造中应用的课题研究，解决了老旧锅炉效率低、可靠性差的问题，每年节约燃煤 7200 余吨。他先后获得国家发明专利 2 项，技术进步奖 3 项，被评为“全国技术能手”。2016 年 12 月 9 日，蒋庆群走进了中南海，参加了全国高技能人才座谈会，2018 年又光荣当选第十三届全国人大代表。

老师傅孔继明

走进中南海的大漠工匠蒋庆群

历史不应该忘记为中国航天做出贡献的每一个人，无论贡献大小。

历史也不会忘记为中国航天做出贡献的每一个人。

5.4.3 烈士陵园

中国传统文化是忌讳谈论死的。中国航天人在踏上太空探索征程的那一天，就将生死置之度外。

在酒泉卫星发射中心的每一个人，都清楚知道一个特殊的地方——九号半——东风革命烈士陵园。这里长眠着760多位献身航天事业的先辈，他们中有中国航天事业的主要奠基人和领导者聂荣臻元帅，有功勋卓著的13位共和国将军，也有默默无闻的官兵，还有普普通通的职工。每一个长眠于此的逝者，生前职务有高低、岗位有分别、奉献有多寡、能力有大小，但都有一个共同点，他们都曾为了中国的航天事业付出了艰辛的汗水，不遗余力、不计报酬地投入到了这个伟大的事业之中，直至奉献出了自己的生命。尤为感人的是，许多人临终前向组织提出的唯一请求，就是希望把骨灰埋在这个自己曾经战斗过的地方。这是多么质朴而又动人的情怀！陵园中那些默默矗立的墓碑像一个个依然斗志昂扬的战士，列阵发射场，见证着祖国航天事业的发展壮大。在这里，长眠了的人们仿佛依然能够看到高高的发射架，能够听到震耳欲聋的火箭轰鸣声，能够仰望卫星和飞船升空。步入陵园，就是一次精神的洗礼和思想的升华。每逢清明节、重要节日或重大发射任务，航天人都会来这里，举行庄严的祭扫仪式，缅怀逝去的英灵，激发前进的豪情，这已经成为一种惯例延续下来。

近年，烈士陵园里新增了一堵英烈墙，那些自基地初建时期以来曾经在这里工作过的人们的名字，都被镌刻在了这堵墙上。这些名字，或曾声名鹊起，或曾如雷贯耳，但最多的却是默默无闻，没有人认识他们或者记着他们。同样，在新疆的马兰、山西的太原、四川的西昌……，在中华人民共和国的山山水水之间，都曾经有过，而且正有着一批人在为中国的航天事业努力着、付出着。

泰山之所以巍峨，是因为根基深厚。

东风烈士陵园

5.5 航天产品

随着时代的发展，中国航天对内不断推进民用产业体制机制市场化改革，对外拓展深化与行业和地方政府的战略合作，产业规模稳步增长、质量效益不断提升、核心业务快速发展、基础设施建设不断完善，建成了围绕航天工程建造与运营、军事航天体系建设与运用所需的强大的工业技术体系，空间研究、空间试验、空间探测、空间应用和其他相关产业方面的能力大幅提升，军民协同创新发展的基础不断夯实。

（1）航天工程

利用先进的宇航技术建成了一体化、体系化的基础设施和环境条件，为用户提供全方位的空间飞行器、航天运输器的产品制造、试验、发射和在轨服务。我国酒泉、太原、西昌、文昌四个航天发射场，具备近地轨道、太阳同步轨道、地球同步转移轨道空间系统发射能力。运载火箭可靠性、安全性和发射成功率均达到了国际先进水平，并已成功地跻身国际商业卫星发射服务市场。由航天指挥控制中心、卫星测控中心、陆上综合测控站、远洋航天测量船等构成的航天测控网，多次圆满完成了卫星和飞船的发射测控任务，测运控能力和精度达到了国际先进水平。针对载人飞船、载人空间站工程，瞄准后续载人登月工程返回搜救需求建立的陆海结合的航天搜救回收体系，圆满完成历次搜救回收任务并不断提升自身的综合保障能力。可以说，我国已经构建了完备的空间按需进出的支撑体系。

（2）卫星应用

各类卫星实现了系列化、平台化发展，技术水平、应用程度逐步跨进国际先进行列，具备对地观测、遥感、广播电视通信、导航定位、科学探测和技术试验等功能，建成了卫星通信广播、卫星气象观测、卫星普查和卫星导航等系统，可为行业、区域用户和国际市场提供基于天基资源的综合信息化整体解决方案、系统集成、设备制造和运营服务，在农业、林业、水利、矿产、能源、测绘、环保、天气预报、防灾减灾、导航定位、应急通信、电视转播、资源调查、地质调查、铁路选线、考古研究等多方面发挥着重要作用。

（3）信息技术

建成了功能齐全的空天地一体化的信息技术体系，在信息技术方面可提供工业云制造、智慧城市、智慧教育、智慧医院、智能交通等一体化解决方案等服务，以及雷达设备、集成电路、导航基带芯片等产品。

（4）先进能源

充分利用中国航天在空间电源领域积累的技术，以及在真空应用技术、新材料、新工艺、表面处理等方面的先进技术与成果，形成了研发、制造光伏发电产品及系统、太阳能光热高温集热管、大型风力发电机组、高效锂电池等产品的能力，形成了空间技术向其他领域辐射和转化的良好态势。

（5）配套产业

在装备制造方面，依托中国航天技术转化形成了一整套国内领先、国际一流的石油石化技术解决方案、产品和技术装备。此外，还形成了开发、制造和提供增雨防雹火箭、振动试验设备、惯性定位定向系统、自动换电系统等相关产品和服务等能力。

在特种车辆方面，形成了自卸车、重型工程运输车、重型平板车、油罐车、机场加油车、深冷及耐强腐蚀车、高空作业车、移动式生物侦检车、移动医院、矿用车、应急维修车、环卫车系列、电源配电车、沙滩摩托车、水上摩托艇等系列产品。

在环境保护方面，面向航天、钢铁、电力、医药、化工等行业，航天技术在污染前段、污染产生、污染后处理三个阶段全面介入，形成具有航天特色的由全系统到分单元有机结合的处理技术，提供烟气治理、废弃物处理、大气环境监测预警、生产过程控制等方案和产品，有效应对目前面临的大气治理、节能减排等问题。

5.6 人文载体

人文载体是承载、记录、传递思想、情感、理念或价值的有形的物体。对于文化而言，其精神、内涵是无形的、不可见的。文化之所以能够一代代传承下去，就是因为借助了符号、标志、物品、典籍、音乐、歌舞乃至仪式等有形的物体作为载体，将无形转变为有形呈现在了文化受众的视野中，并使之能时刻地感受到，进而在长期的浸润之中产生文化归属感。作为文化的一种形态，航天质量文化也需要借助人文载体表达其所倡导的精神、内涵和价值。这些载体，必须同航天质量文化受众密切交织在一起，使其时刻处于质量文化所倡导的精神、价值的氛围当中，从而起到潜移默化的导引作用，自然地加以遵从和执行。进一步地，航天质量文化也要通过人文载体，向航天之外的领域以及社会大众渗透。常见的航天质量文化人文载体主要有典型标志、视觉环境、文创产品等。

5.6.1 典型标志

企业标识是企业有意识地将自己的特征向社会公众主动地展示和传播，使公众在市场环境中对某个特定的企业有一个标准化、差别化的印象和认识，以便更好地识别并留下良好的印象。企业标识，体现了战略性、民族性、个性化、整体性特征，将企业的经营理念、行为规范等，即企业的文化内涵，传达给社会公众，以加速文化的渗透，提高企业凝聚力和感召力，在员工之中形成强烈的归属感。

企业需要有最能体现自己技术和文化特点的形象标识，中国航天也不例外。形象标识设计属于航天质量文化的重要组成部分，工程的名称、单位的标志、产品的标签等，通常都具有鲜明的文化特色，其本身寓意和视觉感受也成为社会公众和单位员工质量体验的组成部分。这里就中国载人航天工程标识、中国月球探测工程标识、国家航天局标识、中国酒泉卫星发射中心标识和中国航天科技集团公司标识的寓意进行简单介绍。

中国载人航天工程标识，它以现代科技和中国传统文化符号传达中国载人航天是“创新、超越、高端”的重大项目，以代表宇宙科技的神秘、广阔、无限、智慧的航天蓝色传达“现代、超越、宇宙科技无限”。标识主造型既像一个汉语书法的“中”字，又类似空间站的基本形态，尾部的书法笔触似腾空而起的火箭，充满中国元素和航天特色，结构优美、寓意深刻。中国载人空间站命名为“天宫（TG）”、核心舱命名为“天和（TH）”、实验舱Ⅰ命名为“问天（WT）”、实验舱Ⅱ命名为“梦天（MT）”、载人飞船命名为“神舟（SZ）”、货运飞船命名为“天舟（TZ）”。这一命名方案，既注重了单个名称的内涵，又强调了整个命名的系统性、协调性和关联性，反映了中华民族对太空探索的美好愿望，蕴含着丰富的中华文化特色。

中国载人航天

中国载人航天工程标识

中国月球探测工程标识，它以中国书法的笔触，抽象地勾勒出一轮圆月，一双脚印踏在其上，象征着月球探测的终极梦想，圆弧的起笔处自然形成龙头，象征中国航天如巨龙腾飞而起，落笔是一群自由飞翔的和平鸽，表达了中国和平利用空间的美好愿望。标识下方的英文字母 CLEP 是中国月球探测工程（China's Lunar Exploration Project）的英文缩写，表明中国月球探测工程秉承开放的、合作的、国际化的发展理念，为实现全人类探测地外星球的梦想而来。

中国月球探测工程标识

中国酒泉卫星发射中心标识中火箭图案采用长征二号 F 的外形，代表载人航天发射；喷出巨大尾焰的火箭飞向太空，寓意探索浩瀚宇宙；火箭及火焰构成字母“J”的外形，圆环是地球卫星轨道，代表航天是高科技事业；红色寓意国家、风险、人文感；蓝色代表科技、未来、时空感；火箭、尾焰、圆环和卫星组成“酒泉”两字汉语拼音的首字母，JSLC 是酒泉卫星发射中心（Jiuquan Satellite Launch Center）的英文缩写。整个图案寓意探索浩瀚宇宙、永不止步。

酒泉卫星发射中心标识

中国航天科技集团有限公司标识，它以直线、圆、字母为设计元素，箭头象征航天产品冲天而起，体现航天主业特征，同时也寓意航天人奋发向上和航天科技事业蒸蒸日上。箭头又像一个“人”字，寓意集团公司以人为本、团结协作的理念；三个同心圆象征三级宇宙速度（即第一宇宙速度、第二宇宙速度、第三宇宙速度），传达出航天的特征；同心圆由内而外环线条粗细、薄厚渐变，表现集团公司不断开拓、发展、壮大的势头，标识中间的英文字母 CASC 是中国航天科技集团有限公司（China Aerospace Science and Technology Corporation）的英语缩写。

中国航天科技集团有限公司标识

中国航天日（Space Day of China）标识，它以红蓝为主色调，由一个上扬的箭头和一个变体地球轨道与卫星组合而成，箭头标示中国航天昂扬上进、锐意进取的精神，卫星星体上的“4.24”标示我国第一颗卫星发射的日期是 1970 年 4 月 24 日，标志用汉语和英语标注“中国航天日”。

中国航天日标识

5.6.2 视觉环境

航天质量文化环境特指以特定的标识及载体，以有序、简洁、安全的工作生活环境等呈现出的具有浓厚航天特色的质量文化氛围。它以直观的感受，增强员工的质量意识和责任感，强化质量行为准则，促进工作质量的持续改进和产品质量的持续提升。

航天质量文化视觉环境指使用标识、象征图案、宣传口号、宣传片等展示形式，在工作生活等活动场所构建营造重视质量、规范行为和养成习惯的视觉效果。视觉环境构建在中国航天领域非常普及，走入任何一个航天单位，都能看到生动活泼、形式多样的质量文化视觉展示。在几乎所有航天产品、设施设备的外表，都有航天品牌和文创的图案文字。在与航天相关的各类活动中，随处可见航天质量文化元素的视觉展示。通过视觉展示，对外树立中国航天的形象，对内营造重质量讲质量的浓厚氛围，传递了质量至上的航天质量理念。

5.6.3 文创产品

文创产品，即文化创意产品，是源于文化主题，基于创意人的智慧、技能和天赋，借助不同的手段和形式对文化资源、文化用品进行创造与提升，通过知识产权的开发与应用，经由创意转化并具市场价值的产品。文创产品具有知名度高、受众广泛、内涵丰富的优势，便于快捷、低成本、大范围传播质量品牌文化。由于文创产品不同于严肃、正式的质量制度规范，因此可以在更广的范围和层次上形成新的文化受众，更有利于引发人们对中国航天的关心与关注，从而有助于鞭策、鼓励航天人，以激发其更为高涨的工作热情。同时，文创产品具有很高的附加值，在承载和传递中国航天形象和航天文化理念的同时，能够衍生出巨大的价值。

典型的航天文创产品主要有：神舟飞船徽章、标注着“中国航天 太空梦”的航天员冰箱贴、银河漫步斜纹桑蚕丝丝巾、逐梦九天黑金杯、长征五号 B 遥二运载火箭徽章、长征四号乙遥四十八运载火箭徽章、天舟二号货运飞船任务徽章、长征四号丙遥三十六运载火箭徽章、上海航天技术研究院运载火箭发射任务徽章限量版、以探月为主题的胸针、以空间站为主题的键盘垫和牛津包等。

为航天任务设计徽标的习惯发端于美国。近年来，中国航天也采用了同样的做法，每次重大任务，诸如神舟飞船、空间站等发射活动均设计任务徽标，以简明清晰的元素展现飞行的主要特点和基本任务，极富中国文化特色。在宣传和展现中国航天重大活动的同时，文创产品形成了设计、生产、销售的完整链条，创造了丰厚的商机和广阔的市场。这是中国航天从神秘走向大众的一个不起眼的，但却重大的举措，反映了中国航天人理念的重大变化。

载人航天工程任务徽标

参考文献

[1] 徐福祥. 卫星工程［M］. 北京：中国宇航出版社，2002.

[2] 谭维炽，胡金刚. 航天器系统工程［M］. 北京：中国科学技术出版社，2009.

[3] 崔吉俊. 航天发射试验工程［M］. 北京：中国宇航出版社，2010.

[4] 张平，冯艳，等. 发射场卫星工作指南［M］. 北京：国防工业出版社，2011.

[5] 王庆成. 航天器电测技术［M］. 北京：中国科学技术出版社，2007.

[6] 周志成，李砥擎. 通信卫星综合测试技术［M］. 北京：科学出版社，2015.

[7] 毛凌野. 国内主要商业航天企业发展现状［J］. 卫星应用，2017（10）：28-32.

[8] 原民辉. 航天技术与商业模式创新的几点思考［J］. 卫星应用，2015（1）：12-14.

[9] 张国强，邓武东，等. 快速响应卫星发射场快速测试技术［J］. 制导与引信，2017，38（2）：34-37.

[10] 曾占魁，史敏辉. 国内商业航天机构调研分析［J］. 中国航天，2018（1）：11-15.

[11] 袁媛，葛宇. 关于商业卫星质量与可靠性控制的思考［J］. 质量与可靠性，2016，186（6）：21-23.

[12] 石亚琼. 卫星创业公司及其商业模式［J］. 卫星应用，2016（3）：8-15.

[13] 沈兆欣，陈晓辉. 电子经纬仪测量系统中立方镜坐标系建立技术探讨［J］. 宇航计测技术，2006，26（4）：73-75

[14] 肖连辉. 经纬仪组网测量系统误差分析校准及其卫星总装应用［D］. 北京：国防科技大学，2014.

[15] 杨再华. 航天器总装精度测量方法分析［J］. 航天器环境工程，2007，24（6）：390-392.

[16] 柏宏武，冀有志. 立方镜在航天器天线总装测量中的应用［J］. 空间电子技术，2013（4）：58-62.

[17] 李凌，王昀，等. "高分四号"卫星相机装调中高精度在线测量技术［J］. 航天器环境工程，2018，35（5）：77-84.

[18] 窦威，杨定魁，等. 包装箱正压环境下航天器总漏率检测技术［J］. 航天器环境工程，2018，35（5）：483-487.

[19] 陈联，赵澜，等. 航天器推进剂泄漏检测技术研究进展［J］. 真空与低温，

2017，23（3）：125-129.
[20] 边玉川，谢久林，等. 航天器总装模块化生产模式探讨［J］. 航天器环境工程，2010，27（1）：87-91.
[21] 刘玉刚. 航天器总装工艺专业内涵及体系地位简析［J］. 航天器环境工程，2012，29（1）：108-113.
[22] 郭欣. 航天器总装过程的质量控制方法［J］. 航天器环境工程，2014，31（3）：332-336.

第6章
航天质量文化生态

航天质量文化生态是航天质量文化发生、存在、发展以及发挥作用并对外生成辐射作用的基础和媒介。本章从文化的视角，研究了质量文化与其生态环境的相互关系和内在机理，探讨了构建有助于质量文化发展壮大的生态环境的基本方法和途径。

6.1 文化与生态

6.1.1 文化形态与生态

从广义和普遍的角度考察，任何一种文化形态的创生与发展，都必须依赖于一定的生态条件，即地理环境、经济生活和社会结构。文化、地理环境、经济生活、社会结构之间是深度融合与依存的关系，共同构成该文化形态特有的文化生态。不依赖于文化生态的文化形态是不存在的，特定文化形态的萌生、发展、进化必须依赖于特定的文化生态，而特定文化形态的发展或湮灭，同其赖以生存的文化生态存在或破坏息息相关。没有一个良好、健康、稳定的文化生态，任何文化形态都不会走得长远。历史上曾经存在过的文化形态不可胜数，正是因为其生存的文化生态的恶化乃至消亡，才导致了相应的文化形态不复存在。如果将人类创造的文化誉为参天大树的话，则文化生态提供了这棵参天大树赖以生长的阳光、雨露和土壤。

航天质量文化作为一种文化形态，必然也存在生态环境问题。没有与之相应的生态，航天质量文化自身的发展就会因缺乏根基和环境而独木难支，航天质量文化就不可能浸润人心，进而成为习惯和常态。不注重航天质量文化生态的建设和培育，航天质量文化就会因失去依存的外部条件，从而失去一个健康文化形态所必需的继承和延续的基础。航天质量文化建设，必须同步实施航天质量文化生态构建，这既能确保航天质量文化的发展水平，又能更加有利于使质量文化的核心精神、要义转化为贯穿全体成员的精神特征、思维惯性和行动自觉。

6.1.2 文化生态的内涵

生态系统，本义是指在自然界的一定空间内，生物与环境构成统一的整体，在这个统一的整体中，生物与环境相互影响、相互依存、相互制约，并在一定时期内处于相对稳定的动态平衡状态。考察的视角不同，关注的焦点不一，生态系统的范围可大可小。对于生态系统而言，最重要的特征是处在同一系统中的各要素的协调与平衡以及系统的整体性。在一个特定的生态系统中，构成该系统的各要素之间是共依共生共存的关系，任何一个要素能否持续、健康、良好地演进，与其他要素的支撑直接相关；而该要素自身的再生与演进，也必定成为其他要素再生与演进的支撑。生态系统各要素之间的良好共生，造就了相应生态系统的健康发展。

文化生态则是一个民族在特定的外部环境下，通过长期生产实践形成的该民族所特有的文化形态及其发展模式。外部生态环境是文化产生与发展的基本前提和重要依托，不同的外部环境决定了不同文化形态的独有特征。正是基于这种独有特征，我们才能很容易地将某个文化受众归属于某个具体的文化形态。文化的形成与发展离不开生态环境，文化与生态环境相互作用，形成了相互制约和相互依存的文化生态。文化是不能脱离其产生的环境而独立存在的，文化蕴含的特征是其赖以产生与生存的环境特征的直接呈现。考察文化，必须同步考察其产生与生存的具体环境。

基于上述观点，所谓航天质量文化生态，是指航天质量文化与产生这一文化形态的外部环境所构成的相互联系、相互作用、相互制约的整体。航天质量文化生态涵盖整个航天领域，任何个体无论承担何种具体的工作，只要与航天事业相关，则既是质量文化的受众，也是质量文化的生产者。在这一紧密关联的整体中，航天质量文化与外部环境是相互依存的关系，外部环境对航天质量文化有重大的塑造作用，形成了航天质量文化的基本精神、要义和根本特征；与此同时，航天质量文化对于外部环境也具有强烈的反作用，航天质量文化从文化内涵的层面影响着外部环境，塑造了航天质量文化生态各要素的形态，更主要的是决定了航天质量文化受众，即航天人对于航天质量文化的基本态度、认同程度以及对相关制度规范的理解、遵从与执行的力度。

6.1.3 文化生态的构成

外部环境不能单独构成航天质量文化生态，外部环境的构成要素必须是在与质量活动的紧密互动中，彼此相互影响、相互塑造，形成动态的互动关系，统一构成文化生态。通过考察航天质量文化产生、发展的过程可知，航天质量文化外部环境的核心要素主要包括文化认同、航天质量文化全体受众、外部环境决策者与组织机构、制度规范、质量监督者、科学技术的方法和手段。上述要素共同构成了航天质量文化的外部环境，而航天质量文化的外部环境与航天质量文化一同构成了航天质量文化生态。外部环境各要素由于在文化生态中所处的位置和所起的作用不同，对航天质量文化发展有着不同的影响力度，但均是航天质量文化生态链条上不可或缺的一环，是其有机组成部分。

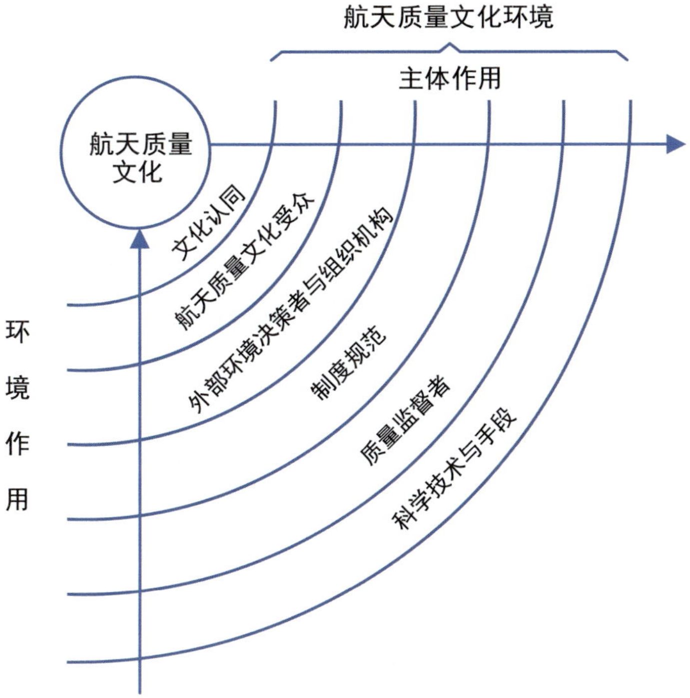

航天质量文化生态构成要素及其关系

构建健康、良好、稳定的航天质量文化生态，是培养塑造航天质量文化、强化航天质量文化与时俱进且鲜明体现时代特征的根本举措。更为重要的是，只有在健康、良好、稳定的航天质量文化生态中，航天质量管控才能在一个较长的时期内保持稳定并长久地发挥作用，质量管控的效果才不会因人员的更替、事物的变动而减弱。仅仅强调航天质量文化本身却不同时致力于航天质量文化生态建设，航天质量文化就会失去生存的土壤，就不可能持续培育出具有同一文化认同的坚定的航天质量文化受众，并将他们凝聚在共同的文化形态之下，航天质量文化所倡导的精神和要义也将难以激发航天质量文化受众的精神共鸣和价值认同，航天质量文化建设将缺乏驱动力和持久性，并且必然会在更大程度上随着外部环境要素的变动而波动，最终使质量管控效能大打折扣。

6.2 认同与创造

我们只有认可一件事，才可能投身到与此相关的活动之中，文化也是如此。我们之所以会对某种文化形态产生拒绝、困惑乃至排斥，就在于不能接受表征该文化形态的精神、价值、行为习惯和生长环境。我们只有先产生对某种文化形态的认同感，才会接受它的文化精神、文化价值和文化理念，进而产生归属感，并在不断加深认同感的同时自然地按照它所倡导的价值理念去行动。从这一个角度讲，新时代航天特色质量文化的首要任务，就是要在航天人心中形成强烈、持久的认同感和归属感，使之发自内心地认识到“这就是我的文化价值理念”。

6.2.1 文化认同的意义

文化认同是同一文化形态下群体的共同特征，正是通过文化认同将同一文化受众凝聚在一起并呈现相似的外在表象。作为一种文化形态，航天人的文化认同对航天质量文化生态建设有着举足轻重的作用。同一件事物之所以对不同的人有着不同的意义，就在于这一事物对于不同的人意味着不同的价值，由此引发了人们不同的认同感，进而激发了不同的实践行为。认同是追随的前提基础，没有认同，就不存在追随，更不会去实践。因此，培育有利于航天质量文化养成的文化认同极为重要。

中国航天有其文化生态，这一生态覆盖了整个航天领域。同时，航天领域内各个单位、机构或组织，同样拥有自己的文化生态。文化生态一经形成，就具有强烈的自约束功能——将该文化生态内的人员归集在同一个文化氛围内。航天是一个探索性特征极为突出的领域，因此，出现影响试验安全的问题是很正常的，但在不同的文化形态下，不同的单位或组织会呈现出不同的思维方式和处理态度。

6.2.2 文化认同的培塑

培养塑造对于航天质量文化的文化认同，最根本、最有效的途径在于深入而持久的教育宣贯。在航天质量活动的实践过程中，之所以存在违背航天质量文化精神和要义的现象，一是航天质量文化的践行者在思想深处对航天质量文化的价值取向认同不够坚定，其行为必然在一定程度上偏离质量制度规范的要求；二是对航天质量文化相关制度规范不了解，不清楚工作实践中质量管控的具体条例，从而在实践中不加求证地采取自以为可行的行为和措施。上述现象都源于没有树立正确、坚定的航天质量文化认同。为此，需要通过教育宣贯，使航天质量文化的核心精神与要义深入人心，塑造航天人的思想和行为，使航天质量文化制度规范相关要求转化为行动的自觉，从而最终成为身心的一部分。

作为个体的人，天生有一种回归自己熟悉的思维和行为的本能，而且通常与这种思维和行为是否正确无关。不经历一个艰难甚至痛苦的长期修正过程，这种本能注定会在某种程度上影响人对新理念的接受和遵从。工程实践中，部分航天人员因没有接受过全面、完整的质量教育，不了解航天质量文化精神与要义的根本内涵和具体要求，缺乏工作实践中富有针对性的锻炼和养成，致使对航天质量文化的核心要义缺乏理解，更难言认同和追随：因为不清楚，所以不理解，从而难认同，践行则必然走样。

鉴于文化认同养成的长期性、艰巨性以及质量对于航天领域的重大意义，航天质量文化教育宣贯应覆盖全体航天人并贯穿其从业的全周期。这既是基于已经成型的观念和认同难以重塑这一客观现实，同时也是航天质量文化发展与时俱进的基本需要。航天质量文化的生命力在于与时代的节奏和航天事业的发展需求合拍，其核心精神和要义必须体现和反映当下时代的根本需求，不是一成不变的。这一特征同样要求实时地将航天人纳入与航天质量文化同步发展的进程之中，更新陈旧观念，不断用新的思想、理念、技能武装他们。

6.2.3 文化创造的主体

人是社会实践的主体，也是文化创造的主体，基于对同一文化价值观念的认同又使人们结成为一体。作为创造主体的人是具有主观能动性的自由自觉的人，在文化创造中发挥自身的主体作用，激发自身的创造潜能，自由自觉地进行文化创造。激发文化创造主体的自觉性和主动性，是确保文化形态健康、茁壮成长的必需的要素和基础。只有将人的创造热情激发出来，作为文化创造主体的人的自豪感将更加高涨，文化认同将更加坚定，进而才能更加主动、自觉、持久地践行他们所创造的文化形态的精神和要义，并在自身的实践中不断传承和创新。在航天领域，全体航天人就是航天质量文化的创造主体，他们是航天质量文化实际的践行者，并在实践活动中不断创新和发展航天质量文化，丰富完善其精神要义与制度规范。

文化对人的行为具有持久的塑造与牵引作用，并且这种作用在一个很长的时期内具有相当的稳定性。在同一文化认同的作用下，个体对所属的群体表现出强烈的追随意愿。文化的这一特征和作用，同航天精神与实践的要求高度契合。所有参与和从事航天事业的人是航天质量文化的受众，是航天质量文化创造、建设与发展进程中最为基础、最为广泛、最为庞大的群体；更主要的是，航天人是航天质量文化最为直接的践行者，也是航天质量文化生态最为庞大的构成要素。这一群体对航天质量文化精神与要义的认同，对质量制度规范的遵守与实践，将航天质量文化的概念、要求切实地落实到具体工作实践中去，并在工作实践中不断创新和丰富航天质量文化的精神与内涵。离开航天人这一重要因素，航天质量文化生态就失去了稳定的基础，航天质量文化也就失去了存在的意义。

6.2.4 文化受众的作用

因为价值观念相似和文化认同一致，每一个参与航天活动的人共同构成了航天质量文化受众这一庞大的主体，他们同时也是航天事业最基础、最广泛的践行者。构建良好、健康、稳定的航天质量文化生态，推进航天质量文化建设，离不开充分激发航天人的积极性和创造性。在航天质量文化生态建设过程中，必须给予航天质量文化受众即航天人足够的重视，承认并依靠航天质量文化建设主体这个“最深厚的力量源泉”，坚持走群众路线。广大航天人在航天质量文化建设中主体作用发挥的程度，直接决定和影响航天质量文化在航天质量建设中作用的发挥程度。航天质量文化发展、变革以及对实践工作影响的深度与广度，都直接依赖于航天人介入的规模和程度。能否将所有航天人纳入航天质量文化建设的进程中，是衡量航天质量文化作用发挥是否有效和航天质量文化生态是否健康的重要标志之一。

当前，与航天质量文化相关的教育宣贯远没有达到覆盖每一个航天人及其工作历程的程度，因此还没能造就相当数量的懂理论、知方法并且能够自觉与工作实践紧密结合的工作者，并且在其内心深处还没有建立起工作实践与航天质量文化之间密切、必然的联系，依然没有深刻认识到自身的工作实践对航天质量文化建设的积极作用，这在一定程度上阻碍了航天质量文化的培养塑造与航天质量管控效果，弱化了作为文化创造主体的主观能动性。从事航天事业的每一个人，岗位不同、职责各异，但落实和实践质量管控的标准要求是一致的。全员讲质量，符合航天事业“万人一杆枪”的事业特点和基本理念。讲质量就要懂得一系列与质量相关的概念、要求、条例与法规，这是航天质量文化精神与要求的具体体现。必须使航天质量文化教育宣贯在更深层次和更广范围覆盖最大规模的航天质量文化受众，使其从踏入航天领域的第一天起，就处于航天质量文化生态体系之中，这既是健全航天质量文化理念的需要，也是适应航天质量文化创新和发展的需要。

6.3 领导与机构

质量文化建设是一个自上而下推进的过程，领导者与相关机构的高度重视和全力支持是生态构建的第一前提，这是决定质量文化生态建设正确方向、良好效果的根本保证。可以说，只有管理好，才能建设好。

6.3.1 坚定领导者决心

实践证明，群众是文化形态的主要创造者和传承者，但不可否认的是，那些起关键作用的人物对文化形态塑造所发挥的作用，在一个特定的时期或一个特定的环境中起到了导向和引领的作用。

类似地，一个团体、一个企业、一级组织机构，无不带有这个团体、企业或组织机构领导者的个性特征。所有团体、企业或组织机构，无论规模大小、实力强弱，无一例外都有相应的文化，这个文化，或者通俗地说思维方式和行为习惯，必定带有其领导者的烙印。在一个相对短暂的时期内，是文化所依存的外部环境的领导者主要塑造了这个团体、企业或组织机构的文化特征。从航天质量文化的角度讲，是航天质量文化依存的外部环境的领导者主要决定了航天质量文化的基本特征，进而由此影响了所领导的系统对于质量活动的基本态度，以及面对质量问题时最直接的反应和最可能采取的措施。领导者是航天质量文化生态建设的重要因素，他们对于质量乃至航天质量文化的价值取向，以及文化认同的基本态度和所达到的程度，会对航天质量文化生态产生重大的推动或阻碍作用，并且对于航天质量文化的精神、要义、制度规范构建有着决定性的影响，也会对航天质量文化相关制度、规范、要求的落实形成重大的示范作用，最终决定了航天质量文化传播与传承的深度和广度，决定了质量文化在航天领域所能起到的文化促进作用。

对于领导者而言，不遗余力地培养塑造航天质量文化生态还有着更为现实的目的和意义。航天领域乃至各所属系统都有与之相关的中期、长期和远期发展目标，而实现目标是相应领导者最为关注的焦点。目标能否实现，是一个极为复杂且受多种因素影响乃至制约的问题，其中本系统文化因素是目标实现的重要推动或阻碍因素。有现代管理学之父之称的彼得·德鲁克（Peter Drucker）有一句名言："文化能把公司战略当早餐一样吃掉"，意思是说不管公司有什么样的战略设想，没有与之相匹配的文化作为前提，设想将注定不能成为现实。所以，领导者必须树立航天质量文化以及文化生态建设高度的责任心与使命感，将文化生态建设与文化推广和传承作为长期的工作，给予持续的鼓动与支持，使自己成为航天质量文化培养塑造的引领者、宣传者、推广者、践行者、传承者，从而为良好、健康、稳定的航天质量文化生态建设贡献特有的、无可替代的巨大力量，最终为本系统战略目标实现提供可靠的文化支撑和保障。

6.3.2 发挥机构的作用

领导者关于质量文化建设的意图、目标及其战略部署，必须通过相关组织机构的一系列活动加以落实与实现。可以说，组织机构是领导者与航天人之间的中介与纽带。从航天领域当前的情况看，质量工作已经引起各级组织机构的密切关注，但航天质量文化还远没有成为各级组织机构的核心理念并贯穿其工作的全部过程，积极主动地推动有利于航天质量文化培养塑造与发展的航天质量文化生态建设还没有成为组织机构的行动自觉。

航天质量文化对组织机构而言，具有导向作用、约束作用、激励作用和辐射作用。良好、健康、稳定的航天质量文化生态，则能有效地将全体航天人的个人价值和目标引导到组织机构所倡导的价值观念和总体目标上来，使全体人员自觉地为提升组织机构的软实力与竞争力、最终实现共同的目标而努力，并且这种努力将成为一种持久的力量与长期的行为发挥巨大的作用。通过组织机构的牵引和实践，使航天质量文化的精神和要义更加坚定地成为航天质量文化受众共同接受的价值观念、行为准则、团队意识、思维方式、工作作风、心理预期，由此产生强大的团队归属感，达到其他方法和途径难以取得的“形聚神不散”的强烈效果。

为促进航天质量文化和文化生态的健康发展，航天领域应当将航天质量文化生态建设作为自身重大的职责赋予专门的组织机构，作为航天质量文化建设的规划者、组织者、实施者、推动者和评估者。其他各级组织或机构必须给予生态建设同样的重视和关注，并对牵头机构的相关工作予以全力支持，以形成航天质量文化生态建设的合力，共同为航天质量文化塑造贡献智慧和力量。

6.4 制度与监督

“不以规矩，不能成方圆。”“盖天下之事，不难于立法，而难于法之必行；不难于听言，而难于言之必效。”好的制度规范固然是一切工作顺利进行的前提，但仅有好的制度是不够的，只有将制度的要求切实、不走样地贯彻到实践活动的方方面面，制度的作用才能真正发挥出来，而实践活动才有了“法”的保障。

6.4.1 制度是价值的显性化

制度是文化要义和价值的显性化。探究和构建航天质量文化生态，如果不考察和关注航天质量文化中的制度规范，那只能是空洞的主观臆想。

制度是特定的具体的，通常被视为行动的指南，决定了个人以及个人所属群体在特定情况下应该做什么，不应该做什么。通过制度的约束和引导，协调个体与群体的关系，统一制度规范受众的群体行为，从而使得文化受众的价值因素以制度为媒介转化为显性因素。制度承担了精神文化与物质文化的中介作用，鲜明地反映了精神文化与物质文化的时代内涵与现实特征，体现了文化所倡导和尊崇的价值取向，并且实实在在地反映在质量文化受众的具体行为之中。

制度之于航天质量文化生态的意义在于，它建立了一个使管理者的意愿得以贯彻的有力支撑与合理、经济、直接的途径，且制度的标准化特点使得这一途径不会因人、事、物的变动而变动。制度还将航天质量管控过程中不可避免的人与人的对立弱化为人与制度的对立，从而降低了对立的强度，消除了人员的抵触情绪，提高了人员遵从制度（即管理者的意愿）的心理承受度，具有约束作用、导向作用和润滑作用。

6.4.2 制度对行为的规范

制度，通常是要求大家共同遵守的办事规程或行动准则；规范，通常是约定成俗或明文规定的标准。制度具有权威性和强制性，鞭策、激励人，明确人在相关活动中应当遵循的程序并对活动过程进行指导和约束。航天质量文化的制度不是凭空产生的，它是一代代航天人实践活动的总结，反过来又自然地约束着一代代航天人的实践活动。制度将全体航天人置于确定的行为约束之下，使相关的质量行为和过程有了具体、严格、可供遵循且经过实践反复检验过的普适性标准。

特定的制度反映了特定文化形态所蕴含的文化价值取向，文化的作用之一就在于塑造和规范该文化形态受众的价值观念和行为习惯，一批无形的约定成俗的规范和有形的制度的产生正是这一作用的具体体现。航天质量文化作为文化的一个分支领域，主要的功能在于用航天质量文化所倡导的核心价值和要义规范约束全体航天质量文化受众参与质量活动的行为。一个良好、健康、稳定的文化生态必然也必须建立起一整套完备的制度规范，而一个良好、健康、稳定的航天质量文化生态的表现之一就在于相关制度规范的严肃、有效和与时俱进，对制度的破坏就是对航天质量文化生态的破坏，也是对航天质量文化倡导的核心价值和要义的违背。在航天试验中主观破坏制度规范的现象极为罕见，但由于制度规范的建立和完善往往相对滞后于工程实践的需求，因此存在着对制度规范进行变通甚至选择性执行的情况。全体航天人以及相关的组织机构必须高度关注对制度规范的变通和选择性遵从，这既是确保制度规范严肃性需要，更是为了杜绝在质量活动中人为引入不必要的风险和隐患。

制度文化以物质条件为基础，受实践活动制约，实践活动不是静止的固化的，因此制度文化是一个不断运动、变化的过程。一个富有生命的文化形态必须鲜活地、紧密地反映时代特征和发展要求，这必然要求制度规范与文化形态紧密同步并体现文化形态的时代特征。领导者、组织机构、航天质量文化受众要共同努力，主动探索和创新，不断将新的思想和实践成果迅速及时地反映到航天质量文化各个层面中去，这正是良好、健康、稳定的航天质量文化生态应该具备的功能。

6.4.3 监督与受众的关系

充分发扬航天质量文化受众的积极性、自主性，信任并尊重他们的文化创新意识和成果，对于构建良好、健康、稳定的航天质量文化生态，推动航天质量文化与时俱进有着重要意义。从实践看，航天质量文化受众与质量监督者至少在心理上存在一定程度的对立和矛盾，这一点是现实存在的，无须回避。问题的原因首先在于相关人员，也包括质量监督者本身，没能理性看待信任与监督的关系，常常将两者无意识地对立起来，简单化地认为既然信任就无须监督，而监督就意味着不信任；其次是航天质量文化受众在一定程度上将监督认为是“找问题”“与自己过不去”，从而进一步加剧了对于监督的心理防范，配合不彻底不积极。

在质量监督中，信任以对人的能力素质的肯定评价为前提，任何人都是有能力的，这为信任提供了基本的基础，从而摒弃了绝对怀疑；监督以承认人的能力存在弱点为前提，人的能力有大小，而且差错的出现并不仅仅与能力大小相关，这就需要在质量活动全过程中实施有效的监督。信任具有激励作用，监督的根本作用则在于防止和纠正差错，而高效地自我防范与差错纠正是充满探索性、试验性、高风险性的航天事业最富价值的能力与机制之一。

信任与监督相依相存，事业方能走得长远。信任与监督不可偏废，它们有着共同的目标，区别仅在于介入航天质量活动的角度不同。必须正确看待信任与监督的相互关系，不存在绝对的信任，这只能导致实质上的放任；同样也不存在绝对的怀疑，这只能导致必然的抵触和抗拒，无论哪种情况均不利于良好、健康、稳定的航天质量文化生态的构建，也就不利于航天质量文化的建设。正确处理信任与监督的关系，是处于同一文化认知下实现群体内部协调与合作的基本前提。

6.4.4 监督者独立行使职权

质量监督者是航天质量活动的直接参与者，在技术保障、信誉树立、安全保证、质量提高、信用完善方面发挥着重要作用。现实中，多数质量监督的力度、介入时机、覆盖范围、干预程度以及理论基础、方法手段等均存在一定的不足。质量监督者缺乏独立性，在质量活动中能否介入、何时介入、介入的深度和广度等选择和决定权往往不在质量监督者的手中，对于相关方案和报告的评估也缺乏必要的约束力度，这些情况在不同程度上限制了质量监督者作用发挥的效果，不利于质量问题的发现和解决。

航天是探索性极强的领域，这天然地决定了高新技术必然向航天聚集并呈现出较其他领域更为迅猛发展的特征。基于这一特征，要求相关从业人员必须具备与之相适应的能力和水平，同时必须具备积极主动、敢于创新和突破成规的精神与勇气，这同样也是对质量监督者提出的要求。在强调和督促质量监督者积极提高能力素质、鼓励其自我完善的同时，更应倡导和欣赏他们敢于承担、积极创新的品质，大胆授予其充分的监督权和高度的自主权，在及时上报事件、意图和进展的情况下，“除非另有指示”，即不被上级领导者否决，质量监督者应被允许针对实际情况依据质量管控的制度规范进行自主决断，使之可以及时、快速地处理质量问题，其行为和决定不应受到任何外在干扰或阻挠。

应大力强化质量监督者在航天质量活动中的作用发挥，尽可能地前移监督者在航天活动中介入的时机和节点，并确保涵盖整个质量活动全过程，使他们能够亲身经历质量活动的全过程并获取第一手资料和信息，使之对质量状态有全面、翔实、实时的把握，以便更富针对性地实施监督。质量监督容易导致矛盾，并且在某些特殊情况下可能迟滞进度甚至引发风险，对于矛盾、进度、风险的顾虑会干扰质量监督者的工作力度和工作决心。为消除其顾虑，必须通过建立健全机制和制度规范使质量监督者获得心理安全感和职业激励，同时保证他们可以获得领导者和组织机构的高度信任和坚定支持，使之能够积极、主动、大胆地行使质量监督权力，并在必要的时候敢于承担风险。

6.5 信息与管控

数据是航天领域一切活动的基础，任何航天活动的实施都应遵循“用数据说话”“用数据决策”“用数据驱动”的原则和理念。通俗地讲，任何航天活动都必须依赖有效、精准、全面、连续的数据。从根本上讲，质量管控就是一个信息收集、分析、决策与执行的过程，特别是对航天这种复杂的巨系统而言，由于分系统数量庞大，相互间耦合紧密，牵一发而动全身，任何决策与执行都必须建立在翔实、准确的信息之上，才能保证相关决策与后续行动的科学、及时、有效。

6.5.1 信息获取

必须明确强调的是，质量管控不单单指质量监督，一切与航天相关的活动都存在在活动过程中实施质量控制的问题。与航天相关的各项工作最注重数据和信息的积累，数据和信息越是完整和连续，就越能客观、全面、翔实地反映航天质量活动最真实的状态，就越能为航天质量文化受众的工作带来巨大的便利，这一点对于航天质量管控来说尤其重要。在质量管控过程中，实时、准确获取相关信息，包括报告、评估、图表等所有能够反映质量活动状况的数据，特别是第一手原始信息，是科学、合理、有效实施管控的前提和基础。如果能够更加密集地实施质量管控信息的实时采集，不但能使航天质量文化受众更加及时便捷地获取更为丰富的质量活动信息，以便于各自活动的开展，又能在很大程度上促进全体质量活动参与者遵从制度规范的自觉性。从航天质量管控的视角看，航天试验涉及的环节众多、地域广阔，试验任务呈现高密度常态化特征，为提高与拓宽质量管控者第一时间获取第一手质量活动信息的能力与渠道，加大质量管控的覆盖率和实时性，必须加强质量管控过程中的科学技术手段的运用，以确保质量管控者在合适的时间处于合适的监督岗位，获取合适的质量活动信息。

由于质量活动信息收集具有连续性和长期性，且来源于多种渠道，这导致数据规模增加快速且常以视频、音频、图像、表格、报告、地图等没有统一定义、非结构化的形态呈现，因此必须要有相关的技术进行管理与应用。科学技术的飞速发展已经为大范围、不间断、实时质量活动信息获取奠定了坚实的基础，物联网、大数据、区块链等技术极为契合质量管控的需求。物联网通过传感器、射频识别技术、定位技术等手段，实时采集需要监控、连接、互动的物品或过程的声、光、热、电、理学、化学、生物、位置等各种信息，并通过各类网络接入，实现对物品或过程的智能化感知、识别和管理；“用数据说话”是航天事业的突出特征，也是质量管控的基本要求，表征质量活动的无统一定义、非结构化的数据需要借助区别于结构化数据的处理方法进行管理，因此大数据这种适用于大容量、多样化、高速度的技术就更有利于挖掘数据所蕴含的信息和价值；区块链技术的链上数据不可更改和加盖时间戳的特性，保证了相关的数据都不能被修改，这有助于不同岗位的人员迅速建立互信，分化风险，沟通成本随之降低。这些，都特别适合于航天这种分布地域广阔、参与人员众多且分属多个相对独立系统的领域。

6.5.2 信息管理

通过运用物联网、大数据、区块链等技术，将质量管控要素感知、获取、汇集到一个统一的信息共享平台上进行存储、处理、共享和分析，提供全面的关于产品、设备、质量活动的历史与实时信息。尽可能减少不必要的隔断与限制，从而能够在任何地方和任何时间进行安全、可靠、多级和授权的安全访问，确保所有航天质量文化受众能够在第一时间获得与其活动有关的全部信息。数据共享平台的建立，将有效改变目前大量信息处于难以及时收集或难以便捷访问的问题，也便于信息中隐含的丰富资源的挖掘和展示，并且数据共享平台为领导者、质量监督者、操作者等所有质量活动参与者提供了全面详细实时的信息，从而为其提供了可靠的工作依据。由于所有环节的信息都将被及时完整地保存在数据链的区块上，透明且无法更改，从而方便人们有针对性地制定措施，并能够对各类突发事件做出及时反应。

运用物联网、大数据，区块链技术形成的数据共享平台，有助于形成“共识机制”，即弱化和减轻对中心调控依赖的同时迅速建立群体之间的信任并达成一致性。在“共识机制”下，质量活动参与者之间遵循的是一套协商确定的流程，而不是完全依靠中心机构或组织的调度协调。由于信息足够透明，彼此足够信任，从而在满足群体之间利益需求的同时提升了运行效率，这使得质量管控更加高效，同时也为优化航天活动流程提供了可能性。

参考文献

［1］ 宋健. 航天纵横［M］. 北京：高等教育出版社，2007年.

［2］ 我国首个智慧发射场第一次执行任务获圆满成功. 新华社官方账号. 2022-05-15.

［3］ https：//www. gartner. com/en/information-technology/glossary/digitization，2022-05-11.

［4］ 托马斯·西贝尔. 认识数字化转型［M］. 北京：机械工业出版社，2021.

［5］ 中共中央国务院关于构建更加完善的要素市场化配置机制的意见，2020-04-09.

［6］ http：//en. volupedia. org/wiki/Smart-city，2022-05-13.

［7］ 王春晖，营造良好数字生态的三大法治基石［J］. 中国电信业，2021（11）：51-55.

［8］ http：//m. chyxx. com/view/966440. html，2021-08-17.

［9］ 马慧利，基于数字生态系统的高德地图增值服务研究［M］. 北京：北京外国语大学，2020.

［10］ U. S. Agency for International Development （USAID），Digital Strategy（2020-2024），D. C.，2020.

［11］ 欧阳日辉. "十四五"时期中国发展数字经济的重点和策略［J］. 数字经济导刊，2021（01）：10-14.

［12］ 中国社会科学院语言研究所词典编辑室. 现代汉语词典［M］. 北京：商务印书馆，1979.

［13］ 王章豹，刘彬彬，陈珂. 关于我国航天文化基本内涵和建设路径的探讨［J］. 南京航空航天大学学报（社会科学版），2016（5）：59-63.

［14］ 张梅. 航天质量文化的认识与思考［J］. 航天工业管理，2020（10）：27-29.

［15］ 刘淼，朱艳萍，尹志才. 文化建设引领卓越航天质量管理［J］. 中国质量万里行，2017（1）：3.

第7章 航天质量文化建设

没有高度的文化自信，没有文化的繁荣兴盛，就没有一个国家、一个民族乃至一项事业长期的创新与活力。发展航天事业是百年大计，航天质量文化为塑造有世界影响力的中国航天品牌提供了强大助力，是培育根本之要。本章从政府引导、企业主建和社会认同等三个方面，深入论述航天质量文化建设的相关问题，从践行者的视角提出强化质量文化建设的方法和途径。

7.1 政府引导

从政府的角度看，培育建设新时代航天特色文化的使命是，一方面，让所有航天人树立航天事业关系国家地位和民族复兴的强烈意识，激发广大有志青年献身航天事业的使命感、责任感和自觉性；另一方面，以航天文化为媒介宣扬辉煌的航天成就并赓续伟大的航天精神，激发民族自豪感和凝聚力，汇聚更加广泛和更加深厚的力量发展航天事业，加速推进航天强国建设。

7.1.1 人民意志

“愿得此身长报国，何须生入玉门关”。上下五千年中华文明史，从来不缺、也从来不曾中断过爱国、奋斗、奉献和牺牲精神。尤其是近代中国，共产党人为推翻压在中国人民头上的三座大山，将爱国、奋斗、奉献和牺牲精神推到了极致。然而，在彰显爱国、奋斗、奉献和牺牲精神的故事中，却很少有像中国航天那样，融合了时代尖端科技的最强音，让中国人发自肺腑地感动和自豪！

中国航天代表着中国人民坚贞不屈的意志。中华人民共和国成立后，在西方封锁禁运、苏联毁约断援、国内“一穷二白”的情势下，我们完全、彻底地依靠自己的力量，自力更生，艰苦奋斗，只用了 25 年就完成了“两弹一星”这一战略任务，突破了尖端科技，以此为开端，奠定了现代战略产业的坚实基础，从根本上改善了国家的安全环境，提升了中国在国际上的地位，一扫国人百年悲啸的心态，树立了自立于世界民族之林的自信。邓小平同志曾深刻指出：“如果六十年代以来中国没有原子弹、氢弹，没有发射卫星，中国就不能叫有重要影响的大国，就没有现在这样的国际地位”。“为有牺牲多壮志，敢教日月换新天”，“两弹一星”也是中国人民为民族解放、振兴中华而奋斗的盛举。

中国航天彰显着中华民族的大经略大智慧。中国航天用时30年（1992—2022年），完成了“载人航天工程”，建成了自己的载人空间站，在未来一段时间内，将成为人类在太空的唯一空间站；用时26年（1994—2020年），构建了全球规模最大、技术最先进的全球卫星导航系统之一——北斗全球卫星导航系统，多项功能全球唯一；用时16年（2004—2020年），六战六捷，顺利完成“嫦娥工程”，取得了丰富的举世关注的重大科学成果；用时5年（2016—2021年），完成火星探测任务，成为第二个实现火星着陆的国家。中国的航天科技正在登顶全球，半只脚已迈入航天强国，成为最让国人骄傲和自豪的事业，“今日之中国，正如您所愿”！

中国航天文化充分展示了伟大的中国精神、中国力量，天然地与国家情怀、人民意志耦合，不仅是中国航天人的，更是全民族的。新时期，航天特色文化与“中国梦、航天梦”紧密相连，已经成为实现中华民族伟大复兴目标的精神信仰之一，并为航天强国建设提供源源不断的内在动力。为此，必须将“弘扬航天文化”纳入新时代文化建设规划，充分发挥社会主义优势，彰显人民意志、汇聚国家力量、凝聚社会共识、弘扬航天精神、锻造航天品牌，将航天文化塑造成中华民族精神家园中一支鲜艳的花朵。

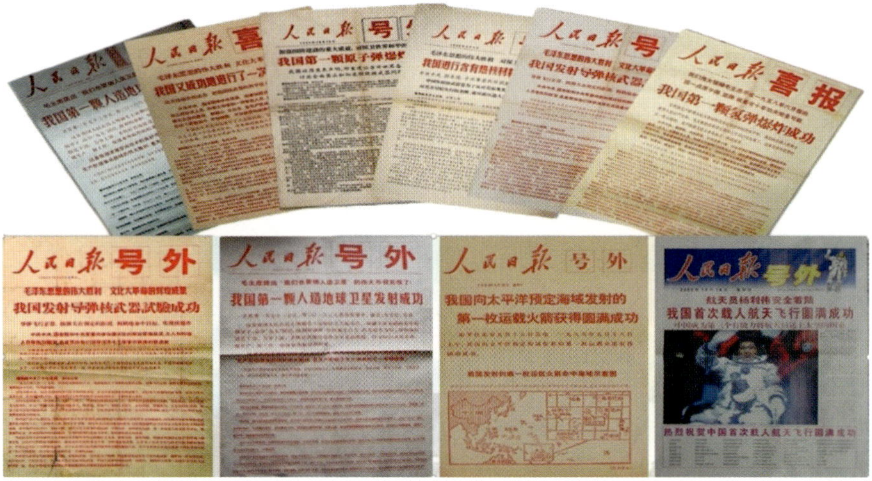

《人民日报》创刊以来一共发了21份喜报、号外，关于“两弹一星”的10份，原子弹、氢弹的6份、卫星1份、洲际导弹1份、载人首飞1份

7.1.2 航天形象

航天文化包括精神、制度、行为和物质四个层面，其中物质层面表现为基础设施、产品和服务、品牌、标志标识，以及从事航天实践活动的航天人及其故事等。当社会公众与之相遇时，就会形成一种感觉和印象，这种感觉和印象就是航天形象在人们心底的印刻。因此，航天形象可以看成是航天文化的外显形态，是航天文化存在的形式，典型的有理念、产品和服务、航天人、航天环境等。

航天理念，一方面表现为国家发展航天事业的宗旨、愿景、原则和目标，另一方面表现为航天人所认同和接受的航天精神、指导思想和价值观念等，对航天形象的培育、塑造具有决定性作用。

航天产品和服务，是社会公众对航天的第一印象，而且一项重大工程的实现，常常惠及全社会、甚至全人类，其质量越高，形象就越好。

航天人，是航天形象中最活跃、最直观的因素，表现为职业道德、专业训练、文化素养、精神风貌、服务水平等。

航天环境，是航天内外科研生产和生活条件建设的总体情况，是影响航天内部员工和社会公众对航天形象总体评价的重要因素。

当今世界，航天科学技术水平和航天科技工业的规模与能力，成为衡量一个国家科技水平高低、综合国力强弱的重要标志之一。一项重大航天工程的实现，是集现代科学技术之大成，不仅需要巨大的投资，而且需要强大的科技实力、工业基础和大系统管控的支撑。因此，航天形象又被看成是国家形象的重要组成部分。

文化及其形象是维系一项事业、一种行业和一个领域长久不衰的战略资源。受长期的计划经济体制和国防科技保密的影响，中国航天形象的塑造一直没有给予足够的重视，“干惊天动地事、做隐姓埋名人”成了航天人的行为自觉。新时代，是创新的时代、融合的时代、开放的时代，更是中国航天由大变强的时代。为此，应积极把握国内外发展大势，积极响应航天发展新要求，深入贯彻“创新、协调、绿色、开放、共享”的航天发展理念，加大政策支持、资金投入和媒体宣传等，着力打造令对手仰望、让国人骄傲、使业内自豪的航天形象，推动构建人类命运共同体，为航天强国建设提供强大助力。“要看银山拍天浪，开窗放入大江来”，中国航天有足够的底气和胸怀创新、引领新时代航天特色质量文化走向更加高远的未来。

7.1.3 媒体传播

继“两弹一星”之后，载人航天、探月探火、北斗导航、高分辨率对地观测系统以及航天运输系统所取得的巨大成就，除了在探索浩瀚宇宙、和平利用太空等方面的重大意义外，还在于有效捍卫国家主权、提振民族复兴信心、提升国家形象和国际地位。可以说，中国航天的一举一动都牵动着中华民族的心，对国家的政治、经济、国防、科技、社会、文化乃至民族精神和信心产生了深刻影响。为此，在传播中国航天文化、打造中国航天品牌上，政府应充分利用各种媒体渠道和各种文化经贸活动，主动地、有计划地向国内和国际社会宣传中国航天成就、推送文化名片，塑造先进、强大、绿色、和平和共享的航天形象。通过政府的积极作为，树立中国航天形象、扩大航天产品影响，唤醒、引导民众以实际行动支持中国航天事业发展。

将航天文化传播纳入各类社会文明引建、公民意识培养计划和活动中，通过视频、图文、互动体验等多种形式，以重点工程为示范，利用多种媒体资源和渠道，讲好航天故事、展示航天形象、增进公众沟通、加强航天科普、弘扬航天精神，使公众步入航天科技探索与文化艺术体验之中，达到引领民众了解航天、爱好航天、支持航天，乃至投身航天的目的。

总之，在新的历史发展阶段，政府应将中国航天文化建设，放在国际战略格局和国家安全形势深刻变化的大背景下来认识，放在实现“下一个一百年”奋斗目标，实现中华民族伟大复兴中国梦、航天梦的历史进程中来谋划，在彰显人民意志、塑造航天形象、加大文化传播等方面，持续用力，不断激发航天文化创新活力，推动航天文化与航天产业协调均衡发展，开创航天文化建设新局面。

7.2 企业主建

新时代航天特色质量文化是航天企事业单位达成战略目的的重要基础，要从战略高度认知质量文化建设对推进质量工作、提升核心竞争力的重要性。新时代航天特色质量文化建设没有固定程序和模式，但其建设过程有其内在的逻辑周期，不容忽视。这个内在的逻辑周期是：战略规划—评估设计—培育实践—绩效测量—持续改进。

7.2.1 战略规划

“宜未雨而绸缪，毋临渴而掘井”，科学的战略规划是航天质量文化建设取得成效的前提和保证。

（1）战略形势分析

战略形势分析，就是要以高屋建瓴的思路和格局看清世界航天的发展趋势，着眼我国航天的发展方向，对企业或单位的内外部环境、相关方需求和期望等进行分析，找出质量文化建设的优点、差距、有利和不利因素等，尤其是要找准企业或单位发展与世界趋势和国家需求不相适应的部分，以掌握战略主动权。

（2）战略目标拟定

战略目标，应根据战略形势分析的结果，结合政府规划和行业布局等因素来拟定，并与企业和单位自身的发展战略保持一致。质量文化是一个结构维度和层次较为丰富的系统，因此，战略目标应是一个覆盖各维度和各层次的目标体系。战略目标拟定应先制定总体目标，然后再对其进行分解，并将其落实到相关的职能和层次上，使目标做到宏观与微观相结合、长期与短期互支撑，从而保证战略目标的可操作性。

（3）战略策略选择

质量文化建设因其长期性、复杂性和系统性，尤其需要重视策略选择。是选择突破式还是渐进式，是逐项发展还是整体推进，是先易后难还是先难后易，没有优劣高下之分，关键是要切合现实形势和需求。应根据企业或单位发展所需，做好风险分析和技术评估，尤其是要使各种策略之间相互配套、互为支撑，避免单打独斗，甚至互抢资源。

7.2.2 评估设计

（1）评估

评估任务。厘清质量文化建设的优良传统、建设特色和存在问题，为当前乃至后续质量文化建设方案设计提供科学依据。

评估内容。主要包括精神、制度、行为和物质等层面及其内在要素、组织、监管、员工、环境和技术等。

评估要求。要尊重事实，防止主观臆测；要全面综合，防止以偏概全；要周密计划，防止漫无边际；要主次分明，防止眉毛胡子一把抓。评估尤其要注重归纳分析，去粗取精、去伪存真、由此及彼、由表及里，从纷繁复杂的现象中找出质量文化的本质问题。

评估方法。应灵活选择，针对不同评估对象，分别采用访谈法、问卷调查法、观察法和文献分析等。如对高层领导，可采用访谈，以深度了解他们对质量文化的理解、认识、描述和要求；对广大员工，可采用问卷调查，以广泛了解质量文化的真实状况、功能价值、形成原因、先进程度以及发展愿景；对质量文化的行为层面，可采用观察各类人员的基本行为方式和统计分析违章违纪情况，以总体了解质量文化的教化情况。

（2）设计

设计任务。质量文化设计是基于企业或单位发展愿景、战略和评估结果，对质量文化建设蓝图进行规划，确定哪些需要继承保留，哪些需要补充完善，明确需要进一步建立健全的规范标准，其本质是使质量文化建设体系化、文件化和具体化。

设计内容。包括质量文化体系结构与具体要点、建设阶段和实施步骤等。

设计要求。确保质量文化支撑企业或单位的发展战略和愿景，在现有质量文化基础上，注重特色和优势的保留与塑造，做到定位准确、内容科学、指标明确、切实可行。

设计方法。主要包括继承、提炼、整合、采借和创新。继承是将原有的质量文化中的积极因素予以保持，直接纳入质量文化体系。提炼是对蕴藏于组织或员工中可作为质量文化构建素材的零星、散乱、粗糙的内容进行收集、整理、概括、归纳，生成高于原有素材的新构件。整合是将不同特质的质量文化或其要素进行结合融合，形成有机整体。采借是学习、借鉴和吸收他人优秀的质量文化因子，将其融入新的质量文化体系。创新既包括对质量文化中原有因素的补偿和改造，也包括对缺失因素的补齐和生成。

（3）模式

行业牵头部门应联合行业协会、知名专家、主要企业和单位等，总结、凝练新时代航天特色质量文化建设的成果成就，树立先进典型、形成卓越模式，发挥典型的示范导向作用和卓越模式的激励规范作用。

根据航天领域对质量文化建设的现实要求，结合航天产品和服务的特点，这里提出航天质量文化体系的一般性结构供参考，以方便与质量管理体系融合。

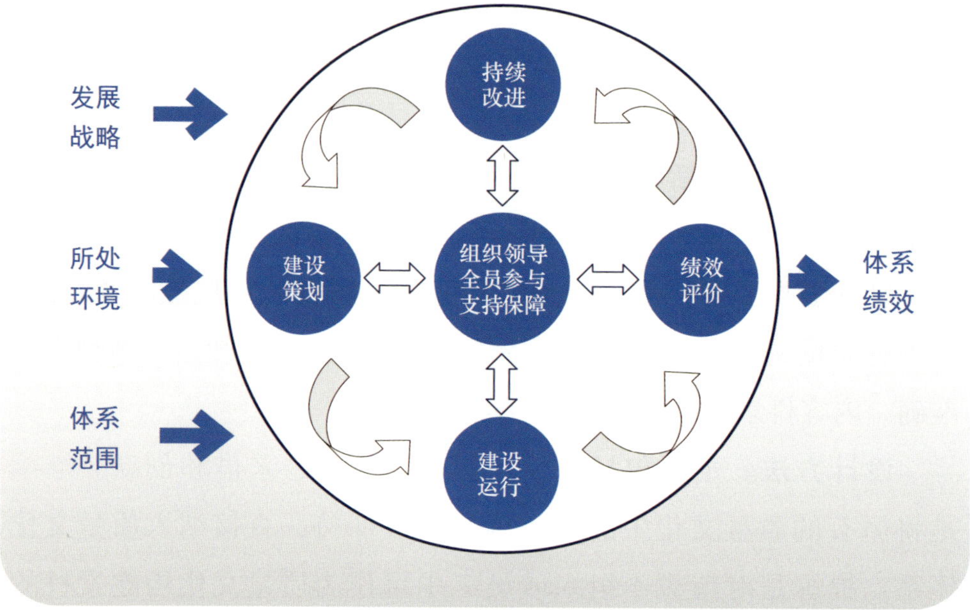

质量文化体系原理框图

——发展战略：描述企业或单位的使命、愿景和方针等。

——所处环境：描述企业或单位所处的内外部环境、相关方要求和期望等。

——体系范围：描述企业或单位质量文化建设覆盖的范围，包括场所、人员和业务等，一般为全组织、全人员、全业务和全过程。

——组织领导和全员参与：描述领导作用、岗位职责和权限、员工参与和协商等。

——支持保障：描述资源、能力与意识、宣传与沟通等。

——建设策划：描述风险和机遇、目标及其实现方案、建设阶段与步骤等。

——建设运行：描述精神意识、制度建设、行为规范、物质基础等方面的建设规划与要求。

——绩效评价：描述监视测量、合规性评价和管理评审的时机和方法。

——持续改进：描述发现、处置存在问题的原则方法和对体系实施持续改进的措施。

7.2.3 培育实践

“一年之计，莫如种谷。十年之计，莫如树木。百年之际，莫如树人”。文化培育就是按照文化建设方案，塑造培育企业或单位的质量文化，其本质是文化育人。

（1）宣传发动

质量文化建设必须进行广泛的宣传动员，使从业人员认识到质量文化建设的重要性、紧迫性，自身在质量文化建设中的作用与使命，不满足规定或预期要求的后果，自觉地将思想和行为统一到质量文化建设总体部署上。

借助“3·22 航天质量日”“4·24 中国航天日”“全国质量月”等大型活动宣扬航天质量文化理念，使高品质的中国航天形象深入人心，通过网络、报刊、标语、板报、影视文学创作，以及报告会、座谈会、研讨会、动员会等多种渠道、手段和形式，在行业内部形成润物细无声的质量文化氛围，在潜移默化中灌输质量至上的文化理念，加强文化认同。

（2）建章立制

质量文化建设具有经常性和长期性，为此，应制定专项制度，建立长效机制，将质量文化建设的组织领导、绩效评价、创新变革和奖惩考核等全面制度化。同时，将上述制度融入企业或单位的质量管理体系，确保其可持续健康发展。

（3）外化于行

质量文化建设至关重要的环节是贯彻落实。首先，将全体从业人员内在积极性转化为质量文化建设的实际行动，引导他们踏实工作、开拓进取，为实现质量文化建设目标努力奋斗。其次，将全体从业人员的内在素质转化为高质量、高水平的航天产品和服务，将规章制度转化为严、慎、细、实的质量行为，持续改进质量文化建设的绩效。最后，贯彻落实质量文化建设规划，逐项落实建设任务和要求，一步一步将美好蓝图转化为客观现实。

产品实现过程中应加强全程管控，压实各方责任，积极推动"零缺陷"管理，努力培育以"系统预防，追求卓越"为主的航天质量文化并积极推进。服务提供过程中应以"内强素质、外树形象、争创一流服务"为准则，倡导"一站式"服务，以一流的服务助推航天质量文化建设。工作实践中应注重班组质量文化建设，以"全国质量奖""航天质量奖""质量信得过班组建设""QC 小组""质量信得过员工"等活动为契机，深入开展丰富多彩的群众性质量文化活动，激励和引导员工不断提升质量管理水平和工作能力，形成人人学习质量、追求质量的良好氛围。

7.2.4 绩效评价

绩效评价是按照一定的指标体系，对质量文化建设情况进行监视、测量、分析和评价。

质量文化建设绩效评价的内容主要包括：

——形势，以根据内外部环境和相关方需求与期望等方面的变化，调整质量文化建设方案。

——措施，以根据相关措施的有效性，进行相应的调整改进。

——过程，以根据过程的效率、完整性和达成预期目的的能力，进行重构和优化。

——内容，包括质量精神、制度、行为和物质等层面，以根据计划的执行、取得的绩效、预期结果的达成等情况，进行针对性修正与改进。

——业绩，以根据其与预期目标的一致性情况，决定对整个质量文化建设情况做出相应调整，甚至重大改变。

质量文化建设评价从时机上讲，有定期评价和针对性评价。定期评价一般结合质量管理体系的内部审核和管理评审进行，是对质量文化进行的全面性评价。针对性评价通常是在内外部环境有重大变化，或者相关方要求和期望发生重大更改时，评价通常是针对变化的情况进行评价，找出问题背后的深层原因，变化带来的风险和机遇，拟采取应对措施的有效性和充分性。

7.2.5 持续改进

质量文化建设是一个动态变化、螺旋式上升的过程，这之中存在许多变数，唯有根据不断变化的情况、绩效评价的结果、质量问题的原因等，持续改进质量文化建设的充分性、有效性，才能达成预期目的。

持续改进的内容包括质量文化建设的所有方面，重点是根据评价结果，有针对性地对质量文化建设的组织机构、规划设计、支持保障、培育实践、绩效评价和奖惩机制等进行调整以至变革。调整是较为温和的改进方式，即对质量文化建设原有内容进行局部和较小幅度的改进，不发生根本性变化。变革是较为激进的改进方式，即对质量文化建设原有内容进行比较彻底的改变与创新，发生了本质性变化。

持续改进需要将先进的质量管理理念融入文化创新中。航天质量文化建设应当结合质量管理现状和科研生产实际，通过导入、培训、学习、项目推广、成果转化和经验交流等活动，增强员工融会贯通、灵活运用先进质量管理理念解决实际问题的能力，确保航天质量文化建设始终与先进质量管理理念相融合，持续增强航天质量文化的先进性和有效性。

持续改进需要在积极引进、吸收和借鉴国内外先进理论、方法和工具的基础上，总结提炼工程和管理实践中形成的成功经验，形成适合本企事业单位航天产品研制生产的标准、规范、应用指南以及软件工具，如质量问题归零管理、设计复核复算、成功数据包络分析、加速寿命试验和测试覆盖性评价等，推动先进、成熟的质量与可靠性技术信息化、软件化和集成化。

持续改进离不开信息化支撑，信息化是提升质量管理效率、规避防范风险的重要抓手和有效工具。有助于快速实现信息沟通传递、问题闭环落实、数据统计分析和质量管理决策等功能。航天企事业单位应结合信息化建设，推进质量文化与创新研发、生产制造和业务管理的融合，促进质量文化建设落实落细、深入人心，推进航天质量文化建设管理水平的进一步提升。

上述五个方面，粗略地勾画了航天企事业单位实施质量文化建设的路线图。由于航天企事业单位所处的环境纷繁多样，面临的形势动态变化，质量文化建设没有固定的规则，需要根据形势变化、任务需要，灵活使用上述步骤和程序，以增强质量文化建设的灵活性、科学性和有效性，更好地创建卓越的航天质量文化。

7.3 社会认同

“民心如海，滴水汇集成其汪洋；民利如山，寸土累积成其巍峨。”相比于政府引导、企业主建的航天质量文化建设而言，航天质量文化建设社会层面的重点在于，围绕着航天形象塑造，培育群众对质量文化的认同、尊崇并践行。

7.3.1 时代需求

新时代需要伟大的航天形象，传递主流价值观，引领、教化民众，践行航天精神，助力国家发展，开创中华民族伟大复兴的美好未来。

（1）航天形象是新型举国体制的代言人

2019 年通过的《中共中央关于坚持和完善中国特色社会主义制度、推进国家治理体系和治理能力现代化若干重大问题的决定》，明确提出“强化国家战略科技力量，构建关键核心技术攻关新型举国体制”，正式将构建关键核心技术攻关新型举国体制作为提高自主创新能力的一个重要举措。关键核心技术攻关的举国体制是为完成国家重大科技创新战略或实现重大科技创新项目突破的特定目标，凝聚全国力量、集中配置要素资源在设定科技创新领域集中攻关的制度政策安排。

新型举国体制是新时代回应国家治理重大理论和实践的主动施为，也是国内外严峻发展环境的倒逼之举。科技创新是新型举国体制应用的主阵地，航天事业是强国安邦的战略基石，航天科技是建设创新型国家的重要领域。我国航天事业取得重大成就，是国家科技水平和整体实力提升的重要标志，也彰显出社会主义体制集中力量办大事的优越性。新时代背景下，在全社会打造和树立航天形象具有重要的现实意义。

（2）航天形象在国际竞争中作用凸显

当今世界正处于大发展大变革大调整时期。当前世界面临着霸权主义、强权政治、人口剧增、资源匮乏、气候变化、环境污染、恐怖主义和地区冲突等问题带来的严峻考验。航天事业的发展会带动科技的整体进步，促进空间资源开发，缓解当下问题，为全人类造福。

航天技术源于国防和军事需求，原是冷战时期苏联和美国军备竞赛的产物。自朝鲜战争爆发以后，中国一直面临来自外部的武力威胁。严峻的安全形势让国家领导人做出导弹研制、发射人造卫星等决策。航天工程是整体安全体系的重要支柱，是国防信息化的龙头。发展航天事业有利于增强我国和平崛起过程中的国家威慑力量。

近 70 年来，中国航天走出了一条中国特色的自主创新之路，取得了一系列辉煌成就，充分奠定了世界航天大国地位。当前，国际形势紧张，大国战略博弈在全面加剧。航天事业对一个国家经济社会发展的巨大价值，对一个民族的长远意义是其他行业所无法取代的，而这也决定了航天事业在国际竞争和大国崛起过程中的独特地位。

航天工程是军民协同创新的大科学工程，也是影响国计民生的大科学工程。航天科技英才群体是航天工程中不可或缺的组成部分，也是航天精神的铸造者和传承者，其形象具有其他社会群体所不具备的独特性，他们传递出的“忠党爱国、无私奉献、追逐梦想、勇于探索、万众一心、合作共赢”等主流价值观，有利于激发国民，特别是青少年崇尚科学、探索未知、敢于创新的热情，为实现中华民族伟大复兴的中国梦凝聚力量。

（3）航天形象是文化软实力的重要部分

中国具有深厚的文化根基和强劲的文化发展势头，但目前仍是文化大国，而不是文化强国，文化软实力的表现与物质硬实力的发展现状并不相称。文化自信是指文化主体对自身文化价值和文化生命力的确信和肯定的稳定性心理特征。文化自信具有极其重要的当代价值，它是增强中国软实力的文化源泉，是应对世界异质文化冲突与融合的心理支撑和建设社会主义现代化强国的精神支柱。

航天文化是一种重要的软实力象征，也是我国航天事业持续发展的源泉和动力，是所有航天人和国家的宝贵精神财富。航天精神既是航天工作者精神风貌的集中体现，也是航天事业发展的内在动力的升华，更是对民族精神和时代精神的继承和发展。开展航天科普教育，传播航天精神文化，是扩大我国思想政治教育覆盖面和促进全民族思想道德发展的途径以及推动思想政治教育事业可持续发展的重要保证，有利于培养国民的公共责任意识、爱国主义精神，增强思想政治教育在全社会的吸引力、感召力和实效性。正因为包括航天精神在内的航天文化具有如此重要的社会价值，所以，在全社会塑造和强化伟大的中国航天形象，对增强文化软实力，加快向文化强国迈进意义重大。

（4）航天形象是讲好中国故事的现实选择

在中国人逐梦航天的征程上，涌现了一批可歌可泣的人物和事迹，取得了无数星辰般灿烂业绩和成就，讲好这些故事，是对历史的铭记，对现实的认识，对未来的展望，航天为中国故事提供了丰富生动的素材。

当前国内社会面临转型，各种社会矛盾凸显，舆论环境纷繁复杂，保持正确的政治导向需要构建一个定位明确、特色鲜明、覆盖广泛的舆论引导新格局。中国梦是国家富强、民族振兴、人民幸福之梦，也是开放、包容、合作、共赢之梦。过去很长一段时间，国际舆论场西强我弱，国家形象相当程度上是他塑而非自塑，真实的国家形象和西方印象中的主观形象存在较大反差。长期以来，“和平中国”的形象难以被国际社会普遍接受，甚至遭到部分西方国家的误读和歪曲。每逢重大航天实践，外媒往往对有关情况进行猜测或杜撰，散布不同版本的“中国威胁论”，质疑和抹黑中国和平利用外空的意愿。

在航天大国向航天强国迈进的路上，既要壮大航天科技的硬实力，还要增强航天形象软实力。航天人是一个特殊的群体，是航天事业的主体和见证人，其作为传递我国主流价值观、塑造国家形象、讲好中国故事的微观切口，具有极其重要的媒介作用。讲好中国航天故事，既是新闻传播的本职工作，也是时代赋予的重要责任。为此，找到精神共通点、思想共享点、情感共鸣点，立足中国、放眼世界，在新时代国际传播话语体系背景下，运用全球化思维讲好中国航天故事，树立伟大的中国航天形象，是构建、推进“人类命运共同体”的现实选择。

7.3.2 形象设计

经过几十年的培养、塑造，中国航天形象从无到有，并逐渐清晰、丰富和立体。其内涵主要包括：事业层面，是国之重器、科技巅峰的国家实力象征；精神层面，是民族精神、时代强音的主流价值观；人物方面，是献身事业、热爱生活的践行者。

（1）事业层面

时代要求，中国航天必须不断创造新的辉煌！

“两弹一星”的成功，确立了中国的国际地位。载人航天工程、探月工程、北斗全球卫星导航、“天问一号”和卫星系列化发展等重大航天工程的成功，极大地增强了中国人民的使命感、责任感、自豪感和凝聚力，并为中华民族伟大复兴注入了强大动力。2030年前，将实现载人登月的宏伟计划，这再次激发了全民族对航天事业的激情。今天，中国航天事业已成为中国人民从站起来、富起来到强起来的最典型的历史丰碑之一。因此，航天形象设计，应有目的地有效传承和弘扬这一形象。

（2）精神层面

时代号召，中国航天必须不断塑造伟大精神！

伟大的航天事业造就了伟大的航天精神。“两弹一星”精神、载人航天精神、北斗精神和探月精神等，已成为中国共产党人伟大精神谱系和中华民族精神的组成部分。航天精神，以高科技的视角，诠释着应如何将祖国的事业与个人理想相融合，在宏大的历史潮流中实现人生价值。吸引着数以万计的英杰才俊，汇聚到航天事业发展中；激励着无数优秀青少年，胸怀天下、志存高远，追逐诗与远方。今天，航天精神已成为中华民族精神家园的重要组成部分，为新时代青少年所敬仰和推崇。因此，航天形象设计，应持续维持和增强其精神高地的价值，同时，还应使其与普通人的生活相连接，并能为普通群众接受和践行。

（3）人物方面

时代呼唤，中国航天必须不断培育领军人才！

伟大的航天事业是由伟大的群体所创造。伴随着我国航天事业逐步走向巅峰，创造这一伟大业绩的航天人，也逐渐为人民群众熟悉、尊重和敬仰。他们中的典型代表，是新时代强国强军伟大实践中涌现出来的时代楷模。他们的先进典型事迹，充分体现了航天人群体的坚定信念、创业豪情和进取精神，集中体现了中华民族伟大复兴时代需要的责任担当和精神风貌。因此，航天形象设计，应将典型人物塑造成民族精神弘扬者、时代精神践行者，同时，还应突显典型人物的普通生活，使他们走进普通人，并成为普通人奋发进取的励志榜样。

7.3.3 公益活动

7.3.3.1 集体记忆

这里讲的集体记忆，是在一个群体或现代社会中人们共同建构、共享、传承的事物。以传播精神为目的的公益活动，不仅记录历史，同时也通过塑造民众的集体记忆来书写历史。公益活动对历史的书写，主要是不断回忆重要的、具有历史意义的事件和人物，包括追溯式的报道、演示和互动体验等。对历史上的重大事件和人物进行定期或不定期的回忆与重塑，是植入历史记忆的有效手段。

公益活动对历史时刻的回忆与重塑会编撰和修订集体记忆，这要么是因为它们与所回应的事件紧密相连，要么是因为它们提供的喜悦和满足感超乎寻常。例如，杨利伟乘坐神舟五号载人航天飞船在太空飞行取得圆满成功，是中国人迈向宇宙的历史性一步，标志着中国载人航天事业迈出新纪元，具有突出的划时代意义。空间站成功建造与运行，则标志着我国载人航天技术已进入世界前列。从神舟五号到神舟十八号，十四次载人航天飞行，先后取得多个首创任务，一次次刷新我国载人航天纪录，中华民族的自豪感也一次比一次强烈。而载人航天公益活动对“神舟”系列飞船一次次的回忆和对航天员先进典型的塑造，就是一种文化重构，在塑造国民认同的同时，也形成了国民的集体记忆。在后续的航天报道中，反复提及先前的航天实践，都有助于形成载人航天的“事件链”，打破事件和记忆的分割，实现历史事件跨越时间、空间和媒介的旅程。在让一些集体记忆涌现的过程中，公众深层的记忆结构和集体意识被反复激活，民族精神和文化内核不断实现共振，从而进一步强化社会凝聚力，建立民族国家的认同。

对于重大事件，公益活动并非只是简单报道。公益活动会给公众构造一个拟态、身临其境的环境，而它极大地塑造了公众对世界的认知结构。例如，中国近百年来的屈辱史给国民敲响警钟——落后就要挨打。在中华民族实现伟大复兴的过程中，建设航天强国也是追求航天梦、实现中国梦的重要内容。中国的航天事业起步晚，工业基础薄弱，自主创新能力不足。在瞄准世界先进水平迎头赶上乃至超越的征程中，民众易产生较大的心理落差。从“两弹一星”，到载人航天工程、北斗卫星导航系统、探月工程、探火工程和卫星系列化应用等，我国的航天事业不断取得突破，在攀登世界科技高峰的征程上完成了一系列壮举。公益活动对上述事件的反复回忆和重塑，满足了民众的信息需求、心理需求和精神需求，也逐渐将航天形象、航天文化植入民众记忆（集体记忆），从而完成对民众的有效影响和教化。

将设计好的航天形象植入集体记忆，进而影响和教化民众，这正是航天公益活动的本质价值。

7.3.3.2 航天日

2016年3月8日，国务院批复同意将每年4月24日设立为“中国航天日”，旨在宣传我国和平利用外层空间的一贯宗旨，大力弘扬航天精神，科学普及航天知识，激发全民族探索创新热情，唱响“发展航天事业、建设航天强国”的主旋律，凝聚实现中国梦、航天梦的强大力量。

航天日是党、政府、企事业单位和公益机构等，主动开展航天公益活动最为集中的时节，也是航天公益最具代表性的活动之一。历届航天日活动，都会结合当前形势和后续航天规划需求，设定主题。

2016年，首届“中国航天日”以“中国梦、航天梦”为主题。

2017年，第二届“中国航天日”以“航天创造美好生活”为主题，旨在聚焦航天应用，展示航天技术造福民生、惠及百姓、创造美好生活的生动实践，普及航天知识，培育创新文化，激发探索热情，推动航天事业为服务国家发展大局和增进人类福祉做出更大贡献。

2018年，第三届“中国航天日”以“共筑航天新时代”为主题，旨在号召社会各界以新时代中国特色社会主义思想为指导，坚持创新发展战略和军民协同创新发展战略，传承航天精神，凝聚强大力量，加快推动航天强国建设。

2019年，第四届“中国航天日”以“筑梦航天、合作共赢”为主题，旨在号召广大科技工作者、航天工作者努力奔跑，争做新时代的追梦人和奋斗者，加快推动中国航天发展，并与世界各国一道，为和平利用太空、增进人类福祉贡献更多智慧、中国方案和中国力量。

2020 年，第五届“中国航天日”以“弘扬航天精神、拥抱星辰大海”为主题，旨在激励广大青少年树立远大理想，崇尚探索创造，在努力奔跑中实现人生价值；勉励航天人聚力愿景目标，直面风险挫折，在接续奋斗中建设航天强国；号召全社会赓续航天精神，爱国奉献追梦，在笃定前行中成就事业。

2021 年，第六届“中国航天日”以“杨帆、起航、逐梦九天”为主题，旨在号召社会各界在新时代再启新征程，追逐梦想，勇于探索，争做新时代追梦人，加快推进航天事业发展，为航天强国建设贡献更多智慧和力量。

2022 年，第七届“中国航天日”以“航天点亮梦想”为主题，旨在进一步宣扬崇尚科学、探索未知、敢于创新的理想信念，以航天梦托举中国梦，激发汇聚逐梦筑梦的磅礴力量。

2023 年，第八届“中国航天日”以“格物致知、叩问苍穹”为主题，旨在勉励广大航天人，继续秉承“两弹一星”精神、载人航天精神、探月精神和新时代北斗精神，怀着探索未知的决心，加快航天强国建设，积极构建外空领域人类命运共同体，倡导广大公众特别是青少年，行而至知，知而促行，不断探索宇宙奥秘。

航天日的公益活动纷繁多样，常见的有：

——宣传海报、宣传片；

——航天事业、精神和人物论坛；

——专家、大咖讲坛；

——互动式航天工作、生活体验；

——航天知识科普；

——航天嘉年华。

7.3.3.3 媒体传播

当今时代是一个传媒时代，任何事件都会以光速在不同的媒体之间传播，形成巨大的影响力和号召力。这是中国航天必须面对的时代特征，也是新时代航天特色质量文化必须接受的时代挑战。

（1）互联网思维

大家可以看一看自己的手机，头条、腾讯或者其他咨询平台推送的内容，是不是已经足够占满我们的碎片时间。除了为研究寻找参考文献的时候，大家有多久没有阅读过纸质图书和期刊了？这是不是已经显示出，人们的阅读习惯早已经发生了不可逆转的变化？这种变化，是不是媒体平台持续创新的结果？

人们的主要阅读载体从纸质书籍为主转向 PC 为主的时间没有超过 20 年，从 PC 为主转向手机为主，应当还是 4G 时代之后的事情。进一步考察媒体平台的运行，内容、传播形式本身也在不断变化着。从文字为主转向图文结合，从图文结合转向视频，从预先录制好的视频转向现场直播……。因此，航天媒体传播必须积极顺应时代的变化，持续地追求创新。

在互联网技术的赋权下，公众获取信息的渠道增加，既是信息接收者，也是信息加工者、传播者。以互联网为代表的新媒体，日益成为舆情发酵的主要阵地。面对负面舆论，主流媒体理应利用各种新媒体平台及时发声，以权威、准确的真相释疑解惑。此外，在报道过程中，部分媒体为了迎合公众“追星”心理，导致航天新闻“泛娱乐化”。如航天员的私人生活、家庭状况随着航天实践活动进入大众视野，成为新闻报道素材和热点话题，猎奇、八卦心理给这种“追星”式报道提供了社会土壤。因此，主流航天媒体需要牢牢把握正确的舆论导向，增强阵地意识，壮大主流舆论，主动回应关切，唱响新时代的主旋律。既要实现内容、渠道的融合与共享，也要注意为航天人物“减负”，避免对其造成无意伤害。

2019 年 8 月 1 日，“我们的太空”新媒体中心正式启用，立足微信、抖音等新媒体矩阵，努力探索全媒体时代航天传播新模式，标志着其为壮大航天宣传主流舆论，推动航天全媒体宣传向纵深发展，迈出了更加坚实的一步。“我们的太空”新媒体中心的成立，也给航天信息传播与媒介的融合提供了借鉴。

整个空间站建造阶段，航天传媒生态进入了全媒体时代，微博、微信、短视频平台发展迅速。航天信息以丰富深刻的内容，漫画、音视频等多种形式，实现了全方位、立体化传播。来自媒体同行、不同传播载体的竞争对传统主流媒体如何在多元的舆论场中扮演好自身角色提出了前所未有的挑战。

（2）亲民化思维

科普是科技传播特有的功能，包括向受众普及科学技术知识，宣扬科学思想、科学方法等。航天科技具备极强的专业性，相关话题也与受众缺乏接近性，主流媒体沿用的严肃、古板的报道风格与之结合，难以吸引公众的注意力和阅读兴趣。

西方学者基于新闻实践和专业理想提出了“新闻的十大基本原则”，其中一条即为“让重大事件变得有趣且与受众息息相关”。讲故事和提供信息，这二者并不矛盾。新闻在很大程度上基于讲故事的传统，但是，好新闻不仅仅是讲故事，而是讲述那些对民众具有重要意义的故事。“航天技术在日常生活中得到广泛应用，对社会生产生活方式意义重大”，类似的报道虽然立意高远但缺乏微观切入，如载人航天事业的深远影响到底是什么？对遥远太空的探索与普通公众的生活存在哪些直接或间接的关系？媒体的报道与公众的普通生活存在脱节，生硬的话语表达固化了科技内容的专业性和新闻报道的通俗性之间的矛盾，很难和民众的科普需求产生关联。

在典型人物的报道中，将英雄人物脸谱化、政治化，刻意将其塑造成完美无瑕的道德楷模，而其作为普通人所具有的属性被完全遮蔽，这就与主张“人是目的”的人文精神产生了裂痕。把活生生的典型抽象化、理想化、标准化，让人敬而远之，反而会损害其政治意义。航天事业最基本和最突出的两大属性是其政治军事性和科技性，在中华民族伟大复兴的大背景下，航天新闻报道表现出浓厚的政治色彩，航天英雄的形象也呈现出泛政治化的特点，而这又易导致英雄形象单一和刻板等问题。在正面报道为主的框架和典型人物的传统报道影响下，再加上新闻工作者自身认知能力和知识结构的限制，无法对航天科技信息做多角度、深层次的解读，导致报道雷同化现象严重。

航天英雄大多被建构成坚持梦想、顽强拼搏的民族英雄和时代楷模形象，而条件艰苦、团队合作的重要性、执行航天任务时面临的风险和意外等却很少被提及。以高度赞扬为主、自上而下的报道方式，使得航天英雄的形象趋于模式化和脸谱化，缺乏立体感与丰满性，对人物的过度渲染和神圣化，不仅使公众对英雄产生一种“两耳不闻世事”的刻板印象，难以引起公众情感共鸣，从某种角度上来说，也有违航天科技传播的初衷。例如，女航天员飞向太空是我国载人航天事业一步步走向成熟的重要标志。在训练中，标准是一样的，在太空中，所面临的环境与男性航天员一样。女航天员具备女性的认真、细腻的优势，男女航天员搭配有利于提高团队工作效率。虽然太空的挑战并不会因为性别而改变，但航天员参与的社会活动带有性别符号特性。刘洋是我国第一位飞向太空的女航天员，王亚平是我国第一位太空授课的女航天员，主流媒体的相关报道却弱化了性别差异，在女航天员形象的建构上，采用了和男航天员一样的新闻图示，报道议题仍是集中于宏大叙事和政治宣传，这样的报道模式使得女航天员的媒介形象个性化不够。

纪录片《我们的征途》向广大观众讲述了17年的探月征途，播出仅3天，观看总量即超1.8万次。一方面，说明公众对航天事业的极大关切；另一方面，也说明公众对亲民化科普和英雄形象的欢迎。以下我们摘录CNG观察的文章。

17.908.23，一组像密码一样的数字，分别代表了三集片子的时间维度：17年、908天、23天。

这是一次大胆的尝试。

17年浓缩在150分钟内，却没有机械地分割时序，时间的流逝如同音乐一般富有节奏，丰富了编年体纪录片的创作模式。

第一集跨度14年，通过孙家栋、栾恩杰、吴伟仁等主要人物，呈现了探月工程起步时的艰难、“嫦娥二号”作为备份星带来的惊喜、深空测控事业的进步、月面软着陆关键技术的突破、第一辆月球车的研制等等极为丰富的内容，并通过人物的塑造，把中国航天的梦想、创新、坚持与传承等内涵都表现得淋漓尽致。

第二集以908天为线索，通过人物活动和内心变化，表现火箭人在“长征五号”遥二火箭失利后，经历的一段“至暗时刻”。故事曲折蜿蜒，一波未平一波又起，如同剧情片般引人入胜。情感细腻婉转，却又深沉凝重。航天事业的高风险和航天人的勇气，在这一集里得到充分的展现。

第三集以“嫦娥五号”从发射到回归的23天为主线，通过大量现场记录，真实再现了探月工程最后一步的详细经过。在浩如烟海的素材中精心选取，不仅有辉煌的成功瞬间，更有过程中的煎熬和意外，以及背后的研制历程和人们为此付出的心血。当现实捕获了岁月的厚度，我们更能真切感受到历史的重量。

充满力量的航天，在这个节目中呈现出浓烈的情感力量和人文气息。连冰冷艰涩的技术，也变得亲切起来。因为，一切都被赋予了“人”的价值、梦想的色彩。

（3）两面提示思维

美国社会心理学家霍夫兰等人在二战时期进行了“说服效果”研究，在《传播与说服》一书中论述了传播主体、传播受众、传播技巧对传播效果的影响。在传播技巧上，“一面提示”是指向说服对象提示己方观点或于己有利的材料，“两面提示”是指在提示己方观点或于己有利的材料的同时，也以某种方式提示对立一方的观点或不利于己的材料。“一面提示”能够对己方观点做集中阐述，论旨明快，简洁易懂，但同时也会给人一种“咄咄逼人”的印象，使说服对象产生心理抵抗。同时，从与文化水平的关系来说，相较于“两面提示”，“一面提示”对文化水平高者的说服效果较弱。

有样本统计，主流媒体报道，一方面，较少聚焦普通群众对航天科技发展的看法，群众的形象一般是模式化的欢欣鼓舞、自豪骄傲，而缺乏个性探讨和理性追问。另一方面，只重视正面宣传，回避负面消息。航天事业充满各种风险与挑战，运载火箭、载人飞船、空间站和月球车等结构十分复杂，一个零部件不合格或发生故障，就可能造成灾难性事故。在载人航天的历史中，航天员们曾用他们的鲜血和生命谱写了一曲曲悲壮感人的乐章。这些教训，我们认为不仅仅是航天系统内部的事情，而是属于整个社会乃至整个人类的，是航天在未知领域探索的过程中必然会出现的。不回避失败，反倒会向人们展示一个更加丰满和真实的航天形象。为了这个事业，许多人曾经付出过巨大的代价。

在宏大的民族情怀感召下，主流媒体侧重强调国人热情高涨的航天理想，却极少直接指出航天事业可能面临的高风险，甚至对载人航天过程中的“瑕疵”都采取回避的态度。“壮举”“欢庆”“里程碑”“中国速度”等词汇多次在报道中出现，把中国航天塑造成不败的“伟大事业”。比如，神舟五号成功着陆后，杨利伟接受采访时表示飞船发生了26秒的共振意外，导致身体承受巨大的痛苦，在太空中时不时地听到神秘敲击声，返航时因舷窗出现大片裂纹而感到恐惧，飞船落地时他的嘴角磕破。仔细分析这些问题，原因并不是我们的工作没做好，而是事先并没有认识到，航天永远存在人类没有认识到的问题，发现并解决这些问题原本就是航天探索的一部分。对未知进行不懈的探索，即便充满风险和历经失败也不停步，这恰恰是航天最扣人心弦的地方！

在航天事业发展过程中，主流媒体曾尽量回避“杂音”，让一些负面消息消失在公众视线中，之后的航天新闻报道也基本延续了这种议程设置理念。媒体“报喜不报忧”的保守策略为受众营造了片面的语境，既不利于群众全面了解航天事业，也不利于增强受众对负面消息的抵抗力。随着受众文化水平和媒介素养的提高，单纯的“一面提示”已经难以得到受众的信任，新闻媒体的盲目乐观也可能变成毫无意义的“自嗨”。为此，在报道航天科技新闻时，媒体应实事求是、全面客观地报道真相，不规避负面信息，注重因势利导，促使负面消息产生正面效应，增强受众对负面消息的免疫力。

2017年6月19日，我国在西昌卫星发射中心用长征三号乙运载火箭发射中星9A广播电视直播卫星，因火箭三级故障，卫星未能进入预定轨道。很多微博网友调侃道："难得看到一次发射失败，这也算是有生之年系列了""对于中国航天，发射失败才是新闻"；还有网友对于中国航天这种公开透明的态度表示肯定，认为失败后的坦诚与透明才更能让人感受到真正的自信；更多的网友则是理性面对这"来之不易"的失败，然后纷纷给予鼓励和安慰。长征三号火箭发射出现失误，中国航天相关部门第一时间发布消息，新闻媒体果断推送，没有遮遮掩掩，没有犹抱琵琶，公开透明地发布信息体现了航天人的开放、自信与实事求是。新闻媒体对长三乙火箭发射中星9A卫星失败的报道，反映了航天发射充满不确定性的特征，很好地验证了广大网民对中国航天的成熟心态，这也给媒体提供了相关借鉴：尊重新闻的客观性，促进报道"两面提示"思维，以公开透明的报道匹配航天热情。

（4）商业化思维

天基互联网已经写入新基建，即将进入卫星发射和服务铺开的高潮。北斗应用完成了向个人终端全面渗透的初期过程，增值服务的发展正在进行，遥感产业正在创立自己的消费级应用模式。我们大力倡导的航天技术民用转移，也正在逐步向着一个完整的市场板块发展。

消费型产业，必然需要与之相适应的传播活动。与汽车或消费类电子产业相比，航天产业自身的特点更有利于传播活动的实施与开展。同样的生产模式和同样的发布渠道，戴上"航天"光环，就能格外吸引受众的注意力。因此，航天媒体传播应抓住这一优势，努力创造航天文化和航天IP的精品，与资本及大众媒体平台充分结合，运用完全符合商业规律的推广手段，进入社会传播的主流阵地并最终影响大众市场的消费。

传统上，航天媒体传播在很大程度上是为了满足法律规定的政府信息公开需求和企业的社会责任需求。但是，一个能自我维持、并且走向繁荣的产业，是需要行业媒体来为之服务的，并且在其中丰富和繁荣产业的生态链。反过来说，发展良好的行业媒体，也确实能有效助力行业发展。特别是新兴的、颠覆性高技术产业，本身就缺乏消费基础，大众媒体对产业没有清晰、深刻、全面而充分的认识，在这种情况下，行业媒体就起着决定性的大众公关和市场推广作用。

我们看一下民用航空产业。虽然民航服务已经非常普及，但飞上天空，依然能令人兴奋。同时，因为航空旅行和假期、海滩、异国情调等元素联系在一起。所以，与民航相关的纸质出版物、影视、电子游戏等都非常发达和多样化。在机场还经常看到航空公司出售带有自己 LOGO 的文创产品和飞机模型，形成了一个不可忽视的衍生品市场。

航天产品的传播活动同样可以按照这样的路线来不断创新，用持续推出的新内容抓取公众的阅读时间，用航天元素打造文创产品，渗透到人们的文具、用具、着装和配饰中，成为人们日常生活中持续存在的要素。这些，不仅仅能为航天事业发展塑造更好的社会舆论环境，让航天传播本身持续发展，同时，也能推动航天产业生态建设及其健康发展。

2019 年中国航天公益形象大使：

杨利伟——中国首飞航天员、航天英雄；

姜杰——中国科学院院士、长征三号甲系列运载火箭总设计师；

汪涵——民进中央委员、湖南卫视著名主持人。

2020 年中国航天公益形象大使：

戚发轫——中国工程院院士、神舟飞船总设计师；

吴伟仁——中国工程院院士、中国探月工程总设计师；

刘洋——中国首飞女航天员。

2021 年中国航天公益形象大使：

叶培建——中国工程院院士，人民科学家，嫦娥系列各型号总指挥、总设计师、顾问；

胡浩——探月工程三期总设计师；

费俊龙——英雄航天员。

2022 年中国航天公益形象大使：

张荣桥——中国首次火星探测任务工程总设计师；

王亚平——中国女航天员、首位太空教师；

单霁翔——中国文物学会会长、故宫博物院学术委员会主任。

2023 年中国航天公益形象大使

陈冬——解放军航天员大队特级航天员；

王赤——中国科学院院士、探月四期首席科学家；

韩再芬——中国黄梅戏表演艺术家、国家一级演员、国家级非物质文化遗产代表性项目黄梅戏传承人。

参考文献

［1］ 比尔·科瓦齐，汤姆·罗森斯蒂尔. 新闻的十大基本原则：新闻从业者须知和公众的期待［M］. 刘海龙、连晓东，译. 北京：北京大学出版社，2011.

［2］ 罗彬. 新闻传播人本责任研究［M］. 武汉：武汉大学出版社，2011.

［3］ 《中国航天文化的发展与创新》编委会. 中国航天文化的发展与创新［M］. 北京：北京大学出版社，2016.

［4］ 杨多和. 航天工程任务保证——现代全面质量管理发展的新趋势［M］. 北京：中国宇航出版社，2022.

［5］ 马克斯韦尔·麦库姆斯. 议程设置：大众媒介与舆论［M］. 郭镇之，徐培喜，译. 北京：北京大学出版社，2008 .

［6］ Helen Muir，Don Harris. Human Factors and Aerospace Safety［M］. Taylor and Francis，2018.

［7］ Pradip K Saha. Aerospace Manufacturing Processes［M］. Taylor and Francis，2016.

［8］ Mark Frence. Aerospace Applications ［M］. Springer International Publishing，2018.

［9］ 蔡文玲.《人民日报》中国航天员媒介形象建构研究（1998—2019）［D］. 南京：南京师范大学，2021.

［10］ 黄涛，程宇翔. “科技举国体制”的再审视［J］. 科技导报，2015（5）.

［11］ 何立胜. 健全新型举国体制提升创新能力［N］. 经济日报，2021-01-19（011）.

［12］ 刘林涛. 文化自信的概念、本质特征及其当代价值［J］. 思想教育研究，2016（4）：21-24.

［13］ 李红涛. 深度媒介化与媒介事件的公共记忆［J］. 西北师大学报（社会科学版），2021（1）：1.1.

［14］ 第十次中国公民科学素质调查结果公布［OL］. http：//www. crsp. org. cn/xinwenzixun/yaowenbobao/091R3022018. html，2018-09-18.

［15］ 曹梦，蓝天翼. 对我国商业航天发射服务的思考和建议［J］. 卫星应用，2019（2）：17-19.

［16］ 陈远瞩，孙博宇. 商业卫星发射法律责任制度研究［C］. 上海市法学会.《上海法学研究》集刊2022年第7卷——华东政法大学文集.

［17］ 杨双进，王卫东，李春江，等. 新时期航天产品化工作体系研究与构建［J］. 中国航天，2022（S1）：3-6.

［18］ 董志梅. 数字航天背景下规章制度体系构建新思考［J］. 航天工业管理，2022（07）：56-60.

［19］ 郑卫杰. 航天一体化独立质量监督制度的建设与实践［J］. 军民两用技术与产

品，2022（10）：45-48.

［20］王婧雨，周春晓，林杨，等. 新形势的航天企业合规管理研究［J］. 中国航天，2022（S2）：15-19.

［21］朱伟光. 航天企业新生代员工管理的问题及其对策［J］. 现代企业文化，2023（19）：153-156.

［22］王红军，邱峰. 航天企业基于三项制度改革的人才管理体系构建［J］. 上海国贸，2023（07）：46-48.

［23］胡倩倩. 管理标准化视角下知识转移的路径研究——以航天企业为例［J］. 质量探索，2022，19（04）：63-68.

［24］张懿珺. 航天商业化背景下中国航天保险法律制度的构建［C］. 上海市法学会.《法学前沿》集刊2023年第1卷——航空法研究文集.

［25］陈强，李婉，崔佳，等. 新时期航天产品化规章制度体系研究［J］. 航天工业管理，2023（12）：8-11.

［26］网站：www. nasa. gov（美国国家航空航天局 National Aeronautics and Space Administration）.

［27］网站：www. federalspace. ru（俄罗斯联邦航天局 Russian Federal Space Agency）.

［28］网站：www. esa. int（欧洲空间局 European Space Agency）.

［29］公众号：我们的太空.

［30］网站：www. gov. cn（中华人民共和国中央人民政府《2021中国的航天》）.

［31］网站：www. people. com. cn（人民网《百年历程中的伟大精神》）.